BOXEN

verständlich gemacht

Dietrich Denz

BOXEN

verständlich gemacht

COPRESS SPORT

Lektorat: Sonja Mildt

Produktion und Layout: VerlagsService Dr. Helmut Neuberger
& Karl Schaumann GmbH

Umschlaggestaltung: Uwe Richter
Titelbild: U.N.O. Sports, Nürnberg

Abbildungen Innenteil:
action press/Fabricius: S. 18
action press/Ramirez: S. 24
Bongarts: S. 7, 13, 15 oben, 15 unten, 17, 22, 71, 90, 91, 92, 95, 96, 101, 109, 111, 114, Kolumnentitelbild
Camera 4: S. 2/3, 11, 21, 26, 87, 93, 99, 100, 108, 110
Sportimage/Will Hart: S. 69
Bernd Wende: S. 19, 74, 104, 115 oben, 115 unten, 116, 117

Alle übrigen Fotos: U.N.O. Sports, Nürnberg

Zeichnungen (nach Vorlagen des Autors): Markus Voll

Redaktionsschluß: 1. 1. 1997

Die Deutsche Bibliothek – CIP-Einheitsaufnahme
Denz, Dietrich:
Boxen verständlich gemacht /
Dietrich Denz. – München :
Copress-Verl., 1997
ISBN 3-7679-0545-0

Gesamtherstellung: Bruckmann, München
Printed in Germany
ISBN 3-7679-0545-0

Inhalts-verzeichnis

Zu diesem Buch

Boxen gehört zu den ältesten Sportarten überhaupt und sicher auch zu den faszinierendsten. Es ist heute neben vielen, vornehmlich aus Asien stammenden Kampfformen zugleich eine Trendsportart, die in vielfältiger Form über den reinen Wettkampf hinausgeht.
Nach den Anfängen des Boxsports zu suchen ist müßig, denn der Faustkampf gehörte von Beginn an zu den menschlichen Umgangsformen, wenn auch meist im positiven Sinne und nach sportlichen Regeln. Auch der Faustkampf, wie ihn Homer in seiner »Ilias« beschreibt, hat mit dem heutigen Kampfgeschehen wenig gemein. Anziehungs- und Ausstrahlungskraft gehörten aber seit jeher zu der Kampfsportart, die ursprünglich als die männlichste schlechthin bezeichnet wurde, ehe sie nun auch Frauen betreiben.

10. 8. 1996 im Hamburger Wilhelm-Koch-Stadion: WM-Kampf Graciano Rocchigiani – Dariusz Michalczewski

Wer einmal die Atmosphäre des spannenden Ringgeschehens miterlebt hat, der wird von einer Faszination gefangengenommen, die ihn immer wieder an das Seilquadrat lockt oder animiert, die Highlights des Boxsports im Fernsehen zu genießen.
Der Boxsport gehört heute in organisierter Form zu den in der Welt am weitesten verbreiteten Sportarten. Die Welt-Amateurbox-Föderation (AIBA) kann 1997 auf 188 nationale Mitgliedsverbände in Ländern aller Kontinente verweisen. Und nicht zuletzt ist Deutschlands populärster Sportler aller Zeiten ein Boxer: Max Schmeling. Er wurde 1930 Profi-Weltmeister aller Klassen, und es gibt keinen anderen deutschen Sportler, der in diesem Land eine Ära beherrschte wie er.

Nach einer Serie von bedeutenden Amateurtiteln bei Olympischen Spielen, Welt- und Europameisterschaften rückte der Boxsport nach 1980 in Deutschland immer stärker ins Blickfeld des allgemeinen Interesses. Den entscheidenden Schub als neue Trendsportart erhielt er nach der politischen Wende mit der Maueröffnung und der Wiedervereinigung, die den Sportassen der ehemaligen DDR auch den Weg zum Profisport eröffnete. Der Zulauf bestens ausgebildeter Amateure ins Profilager hält seitdem unvermindert an. Er wurde bisher gekrönt vom Halbschwergewichtler Henry Maske aus Frankfurt/Oder, der als erfolgreichster deutscher Amateur 1993 auch bei den Profis als Weltmeister gekürt wurde und den traditionellen Gürtel erhielt. Boxen erlebte und erlebt seitdem einen in diesem Ausmaß nicht gekannten Boom.

Boxen ist heute mehr als nur Sport – es ist ein gesellschaftliches Ereignis. Medien, Werbung, Industrie und Handel, alle reden von den Highlights des Boxens. Die Vermarktung der Besten erreicht bisher ungeahnte Dimensionen. Neue Bereiche werden erschlossen, und immer mehr Menschen kommen mit dem Boxen in Berührung. Deshalb ist auch eine Aufklärung über das Boxen mehr denn je notwendig.
Dieses Buch soll einen Einblick in die komplizierte und vielseitige Welt des Boxsports aus sportlicher und organisatorischer Sicht geben, die mit der Trennung von Amateur- und Profiboxern verbundenen Probleme aufhellen, über Traditionen berichten sowie Hinweise und Einblicke bis hin zu Tips für eigene boxsportliche Betätigung geben.

Die Geschichte des Boxsports

Der Boxsport, auch Faustkampf genannt, war in seiner Entwicklung einem ständigen Wandel unterworfen. Es gab Aufschwünge und Niedergänge und eine stete Vervollkommnung, die mit einer zunehmenden gesellschaftlichen Anerkennung einherging. Dennoch sprechen wir auch heute noch, wie der Wiener Kabarettist und TV-Box-Kommentator Werner Schneyder bei den Großereignissen zu sagen pflegt, von »Boxfreunden, Boxskeptikern und Boxgegnern«.

Das Besondere an dieser Sportart ist, daß beim Kampf dem erzielten Ergebnis und der Art und Weise, wie die Auseinandersetzung geführt wurde, große Beachtung geschenkt wird. Damit ist auch die Tatsache verbunden, daß das Boxen im Unterschied zu anderen Sportarten oft umstritten blieb, daß Anhänger und Gegner die Auseinandersetzung stets unterschiedlich bewerten.

Sicher ist, daß bei einem guten Boxer Körper und Geist in ihrer Gesamtheit gefordert sind. Kraft, Gewandtheit, Schnelligkeit, Ausdauer und Mut waren und sind Anforderungen für das tägliche Leben – sie sind zugleich die Basis für die Anforderungen, die der Boxsport an einen Kämpfer stellt.

Von Preisboxern und Faustfechtern

Boxkämpfe gehörten bereits zum Programm der Olympischen Spiele des Altertums. Erste Boxer waren Aristokraten seit den 23. Olympischen Spielen 668 vor unserer Zeitrechnung, bei den 41. Olympischen Spielen 616 v. u. Z. gab es bereits Boxkämpfe für Jugendliche. Das Boxen war auch Bestandteil der altgriechischen Kampfspiele, der Pankration. Entartungen traten ein, als mit hartgegerbten Schlagriemen und Metalldornen bei Gladiatorenkämpfen im alten Rom geboxt wurde. Zeitweise übten Sklaven den Faustkampf aus, um die Kampfstärke ihrer Herren zu demonstrieren. Später zogen Berufsathleten von Stadt zu Stadt und trugen Schaukämpfe aus.

Die Entstehung des modernen Boxens

Das moderne Boxen entstand im England des 16./17. Jahrhunderts, wo zu Beginn des 18. Jahrhunderts der Fechtlehrer und Faustkämpfer **James Figg** dann erste Regeln aufgestellt hat. Sie vereinten Elemente der Technik und Taktik des Fechtens im volkstümlichen Faustkampf, während der Adel bei seinen Duellen Waffen gebrauchte. In seiner Schule offerierte er zum ersten Mal die »Noble Science of Defence« als Unterrichtsstoff. Der Künstler, der auch Degen- und Florettfechten beherrschte, ließ ein Plakat von einem befreundeten Künstler, William Hogarth, gestalten. Er war damit der erste, der Boxtraining öffentlich anbot. Als Besitzer einer Schaubude an der Oxford Road war Figg in Personalunion Promoter, Matchmaker, Trainer und nicht zuletzt Athlet. 1719 wurde der »Father of Boxing« erster offizieller britischer Champion, natürlich ohne Handschuhe und im Schwergewicht. Im Juni 1727 verteidigte er in seinem bedeutendsten Kampf gegen Ned Sutton den Titel als Meister von England, den er bis zu seinem Tod behielt. Sein Nachfolger wurde George Taylor, einer seiner Meisterschüler. Er verlor den Titel 1740 an Jack Broughton in einem spektakulären Fight. Broughton, der sich im Unterschied zu seinen Vorgängern schon auf Meidbewegungen und Verteidigungshandlungen verstand, wurde unter dem Patronat des Duke of Cumberland einer der herausragendsten Champions des Jahrhunderts und hielt den Titel zehn Jahre lang. 1743 gab er die »Londoner Preis-Ringregeln« (The London Prize Ring Rules) heraus, die bis 1838 gültig waren. 1866 schuf der **Marquess of Queensberry** »Regeln des Boxens mit Handschuhen«, die zur Grundlage des modernen Regelwerkes wurden.

Erste Trennung zwischen Amateur- und Profiboxen

Mitte des 19. Jahrhunderts gab es eine Trennung zwischen Amateur- und Profiboxen. Erste Amateurmeisterschaften fanden 1867 im Leicht-, Mittel- und Schwergewicht nach den Queensberry-Regeln statt. Am 25. Februar 1880 erschien in England ein neues Werk für Regeln, und das Amateurboxen wurde von nun an von der **Amateur-Box-Association (ABA)** organisiert. Sie führte ab 1881 Landesmeisterschaften im Feder-, Leicht-, Mittel- und Schwergewicht durch. Die englischen Behörden erkannten die

Vorzüge des Boxens und nutzten sie für sich aus: Boxen wurde obligatorischer Sport im Heer, in der Marine, bei der Polizei und der Feuerwehr. Ende des 18. Jahrhunderts begann der Siegeszug des Profiboxens in Amerika. Bis 1881 gab es Weltmeisterschaften mit bloßen Fäusten. Der Boxsport war dort, verglichen mit der Entwicklung in England, schon weitaus bedeutender, und bald kam das Boxen auch von der Insel auf das europäische Festland.

Die Anfänge in Deutschland

In Deutschland waren öffentliche Boxkämpfe bis 1918 verboten, obwohl bereits 1881 der Turn- und Fechtmeister Carl Kapell sein Buch »Das Boxen« veröffentlichte. Schon ab 1899 gab es in Hamburg und später in weiteren Hansestädten unter Einfluß der englischen Schule und Entwicklung die ersten Profikämpfe. Pionierarbeit leistete der in seine Heimat zurückgekehrte Joe Edwards, der 1900 Leichtgewichtsmeister in England geworden war. Schwergewichtler Otto Flint war seit 1911 erster anerkannter deutscher Meister. Bereits 1906 war der Arbeiter-Athletenbund gegründet worden, in dem auch das Boxen gepflegt wurde. Nach dem Ersten Weltkrieg erfuhr das Boxen auch in Deutschland unter maßgeblicher Mitwirkung von ehemaligen Kriegsgefangenen, die Anhänger des Boxsports geworden waren, einen großen Aufschwung. Es entwickelten sich sowohl der Amateur- als auch der Profisport. Ein wichtiger Vorläufer des organisierten Boxsports in Deutschland war der 1912 in Hamburg gegründete Deutsche Box-Verband, der von Gustav Heß geleitet wurde und trotz des noch bestehenden Verbots schon Meisterschaften mit 29 Teilnehmern veranstaltete. Am 5. Dezember 1920 wurde der **Deutsche Reichsverband für Amateurboxen (DRfAB)** durch Leonhard Mandlar in Berlin gegründet, der Vorläufer des ab 1934 existierenden **Deutschen Amateur-Box-Verbandes (DABV)**. Gleichzeitig mit der Gründung fanden die ersten offiziellen Deutschen Meisterschaften mit 36 Teilnehmern statt. Am 24. August 1920 wurde auch die erste **Internationale Amateurbox-Föderation (FIBA)** gegründet. Ihr Präsident war der Brite John H. Douglas. Aus der FIBA ging 1945 der heute bestehende **Internationale Amateur-Box-Verband (AIBA)** hervor.

Das Boxen stand bereits ab 1904 im Programm der Olympischen Spiele der Neuzeit, seit 1924 gibt es Europameisterschaften und erst seit 1974 Welt-Titelkämpfe der Amateure.

Tradition in neuem Schein

Amateur- und Berufsboxen entwickelten sich auf völlig unterschiedliche Weise bis hin zu der schließlich getroffenen Feststellung, daß es sich »um zwei verschiedene Sportarten« handele. Diese Entwicklung wurde maßgeblich durch die Konfrontation der politischen Systeme nach dem Zweiten Weltkrieg und dem damit auch verbundenen Kampf um die Vorherrschaft im Weltsport geprägt. Kulminationspunkt dieser Auseinandersetzung waren mit dem erstmaligen Auftritt der UdSSR 1952 in Helsinki die Olympischen Spiele. Der Amateurboxsport hatte seit 1904 im olympischen Programm einen festen Platz und wurde deshalb in seiner Entwicklung weltweit beflügelt.
Der Profiboxsport ging seine eigenen Wege, schuf sich eigene Regeln und stand vor allem mit der Basis in Amerika auf eigenen stabilen Füßen. Unter den Managern und Promotern galt gut ein halbes Jahrhundert die Devise: »Ein Boxer muß kein erfolgreicher Amateur sein, um ein erfolgreicher Profi zu werden.« Diese Ansicht, mit der oft genug jungen Amateur-Talenten der frühe Schritt ins Profilager schmackhaft gemacht wurde, hatte jahrzehntelang Bedeutung. Meist sammelten geschäftstüchtige Manager ihre Fighter aus den Hinterhöfen von New York oder Chicago, aus Kuba oder Mexiko auf, um in Amerika eine eigene Welt aufzubauen. Nur selten gelang es, in diese Phalanx einzubrechen. Einer der wenigen, denen das gelang, war Deutschlands Boxidol Max Schmeling. Er kehrte den Amateuren frühzeitig den Rücken, nachdem er 1924 einmal deutscher Vizemeister im Halbschwergewicht geworden war. Bereits 1926 war er Deutscher Meister, 1927 Europameister und 1930 nach seinem Sieg gegen Jack Sharkey in New York Weltmeister. Amerika galt als das Mekka des Profiboxens, und aus seinem Erfolg in Amerika rührt auch die einmalige Popularität Schmelings.

Sportlicher Ruhm oder Geldgeschäfte

In zunehmendem Maße wurde die Entwicklung unter politischen Aspekten kontrovers dargestellt. Hier die sportbetonte Wettkampfgestaltung bei den Amateuren, dort das gnadenlose Geschäft mit

Faustkämpfern als ein Charakteristikum kapitalistischer Praxis, selbst mit dem Risiko des Todes im Ring. Die Lager verfeindeten sich immer mehr. Auch in Ländern, in denen es sowohl Amateur- als auch Berufsboxer gab, standen sich die Lager meist unversöhnlich gegenüber. Die einen sahen ihr Ideal im Gewinn von Ruhm und Medaillen, bei den Profis standen die Geschäfte im Vordergrund. Der Wechsel zu den Preisboxern wurde schlechthin als Verrat bezeichnet. Dazu kam, daß über Jahre hinweg weniger strenge Regeln und Skandale die Handhabung der Geschäftsinteressen von Promotern und Managern sowie in zunehmendem Maße auch Fernsehanstalten bestimmten. Während bei den Amateuren in Veranstaltungen nach einer alltäglichen Schablone über jeweils drei Runden gekämpft wurde, ging es bei den Höhepunkten der Profis wie Welt- und Europameisterschaften über 15 Runden und später über zwölf Runden, und im Rahmenprogramm über mindestens vier Runden. Tatsache aber war trotz aller Abgrenzung und Verteufelung des Profiboxens in den ehemaligen

Henry Maske nach seinem verlorenen WM-Kampf gegen Virgil Hill

sogenannten sozialistischen Ländern unter den meisten Sportfans die wertfreie Betrachtung des Faustkampfes als Boxsport. Die großen Duelle eines Muhammad Ali läuteten unabhängig von politischen Prämissen oder Ansichten weltweit einen Aufschwung ein. Dabei wurden erfolgreiche Profiboxer immer mehr zu Heroen, während Olympiasieger in der Masse der Medaillengewinner oft untergingen. Waren es vor dem Zweiten Weltkrieg lediglich vier Olympiasieger, die auch bei den Profis Weltmeister wurden, so sind es bis heute immerhin 27. Der 26. war der Deutsche Henry Maske am 20. März 1993.

Die Revolution im Profiboxsport

Henry Maske war zugleich der Vorreiter einer Entwicklung, die den Profiboxsport revolutionierte. Mit der politischen Wende in Deutschland 1989 und den anderen ehemaligen sozialistischen Ländern erhielt der Profisport allgemein, und damit auch der Berufsboxsport, einen Zulauf und eine Blutauffrischung, die zu einem Boom bisher nie gekannten Ausmaßes vor allem in Deutschland führte. Die Boxställe der Manager Klaus-Peter Kohl in Hamburg und Wilfried Sauerland in Köln und Frankfurt/Oder wurden zu neuen Hochburgen, während der durch die Masse ehemaliger ostdeutscher Boxer ebenfalls gestärkte DABV gleichermaßen einen Aufschwung nahm, aber in hohem Maße von dem Leistungspotential der ehemaligen DDR profitierte. Inzwischen sind in Deutschland amerikanische Verhältnisse eingezogen. Seit Jahren gab es in den USA jeweils nach Olympischen Spielen einen mit dem Übertritt der besten Amateure zu den Profis verbundenen Generationswechsel. Dies ist seit 1992 und 1996 nun auch in Deutschland so. Waren es nach 1992 zunächst nur Marco Rudolph, Willi Fischer und Torsten May, die das Lager wechselten, so war der Umbruch 1996 wesentlich radikaler: Mit Oktay Urkal, Markus Beyer, Zoltan Lunka, Rene Monse, Thomas Ulrich und in absehbarer Zeit auch Sven Ottke und Luan Krasniqi setzen sieben der acht Atlanta-Starter ihre Karriere als Profis fort, während der DABV bis zu den nächsten Olympischen Spielen im Jahr 2000 in Sydney nach dem in den USA üblichen Rhythmus eine neue Staffel für die internationale Repräsentation aufbauen muß.

Heute ist bei den lange verfeindeten Lagern der Profis und Amateure speziell in Deutschland nichts mehr so, wie es einmal war. Noch vor kurzer Zeit kniffen die deutschen Auswahlboxer immer dann die Augen zusammen, wenn sie auf einen Wechsel ins Profilager angesprochen wurden, denn dies galt als »Verrat am Amateurboxsport«. Heute gilt das Motto: Wer zu spät kommt, der bekommt nichts mehr ab vom großen Kuchen, der zusammengerührt ist aus hohen Gagen und Werbeeinnahmen. Inzwischen ist auch die sportliche und buchhalterische Spitze des DABV erfaßt von der Boxbegeisterung, die vor allem Henry Maske entfacht hat und die überallhin ausstrahlt.

Oktay Urkal, Olympiazweiter '96

Nicht länger will man in den Seilen hängen, will nicht in der Bedeutungslosigkeit versinken, sondern selbst ein Standbein oder die Kinderstube des Profiboxens werden. Die Annäherungsversuche zu den Manager-Impresarios Kohl und Sauerland sind Tagesgespräch. Über Geld wird geredet, Abwanderer werden nicht mehr verdammt. Die Profilager beginnen, den Amateurboxsport planmäßig finanziell zu unterstützen, insbesondere im Bereich der Nachwuchsarbeit und bei der Durchführung von Veranstaltungen.

Amateur-EM-Finale 1996: Zsolt Erdei (links) gegen Sven Ottke

Der organisierte Boxsport

Boxkämpfe erfordern einen hohen organisatorischen Aufwand und sind nur unter Mitwirkung vieler Helfer, auf deren Aufgaben noch näher eingegangen wird, durchführbar.
Im Amateurboxsport gibt es eine einheitliche internationale Organisation, die **AIBA**, die für Boxkämpfe in aller Welt verbindliche Regeln vorgibt, die in gewissen Zeitabständen modifiziert werden. Man kann davon ausgehen, daß in allen Ländern und Erdteilen im Prinzip unter gleichen Bedingungen, nach den gleichen Regeln, unter der gleichen Kontrolle einer technischen und ärztlichen Jury und unter gleichen gesundheitlichen Schutzbestimmungen geboxt wird. Für alle im **Deutschen Amateur-Box-Verband (DABV)** durchgeführten Boxwettkämpfe gelten diese Regeln, die in den Wettkampfbestimmungen festgeschrieben sind. Es gibt sowohl Veranstaltungen mit Einzelwettkämpfen und in Turnierform sowie Mannschaftswettkämpfe.

Im Profiboxen regieren vier bedeutende Weltverbände:
Die World Boxing Association (**WBA**)
Das World Boxing Council (**WBC**)
Die International Boxing Federation (**IBF**)
Die World Boxing Organisation (**WBO**)
In Europa gibt es allein:
Die Europäische Box-Union (EBU)
Und einen nationalen Verband in Deutschland:
Den Bund Deutscher Berufsboxer (**BDB**).

Sie führen im Prinzip Einzelwettkämpfe in speziell zusammengestellten Programmen mit Meisterschaftskämpfen als Höhepunkten durch und veranstalten Kämpfe jeweils nach den in ihrem Verantwortungsbereich verbindlichen Regeln, die sich in einigen Fällen unterscheiden. In den USA gibt es teilweise sogar von Bundesstaat zu Bundesstaaat unterschiedliche Bestimmungen.

Amateurboxen – die Talenteschmiede

Die Grundausbildung

Der moderne Boxkampf verlangt eine vielseitige technische Perfektion. Jeder Boxer erhält deshalb eine Grundausbildung, die mit einer umfassenden körperlichen Schulung verbunden ist. Sie besteht vorwiegend aus technischen und konditionellen Elementen.

Da Wettkämpfe erst ab einem Alter von zehn Jahren zugelassen sind, müssen Übungsleiter und Trainer Kinder dieses Alters vor allem mit spielerischen Übungsformen und boxtechnischen Übungen beschäftigen und sie mit langfristigen Programmen und Ausgleichssportarten zielgerichtet auf die Einbeziehung in einen geregelten Trainingsbetrieb vorbereiten. In dieser Phase können schon wesentliche Elemente einer guten allgemein-athletischen Grundausbildung anerzogen und ausgeprägt werden. Dabei wird die Ausbildung um so besser, je länger Kinder und Jugendliche darin fest einbezogen sind. Später werden die technischen Elemente entsprechend den individuellen Voraussetzungen vervollkommnet. Ziel ist, daß alle technischen Fertigkeiten gut ausgebildet sind

Kinder dürfen erst ab 10 Jahren Wettkämpfe bestreiten

und auch unter größer werdender physischer und psychischer Belastung, zum Beispiel im Wettkampf, sauber und richtig ausgeführt werden können. Der Boxschüler wird außerdem zielgerichtet darauf vorbereitet, seine Aufmerksamkeit auf die Handlungen des Gegners zu richten. Es muß von vornherein trainiert werden, die technisch richtige Ausführung von Aktionen trotz der Konzentration auf gegnerische Handlungen zu beherrschen. Der Boxer muß versuchen, seine eigene Kampfkonzeption weitgehend durchzusetzen.
In der modernen boxtechnischen Ausbildung lernt man, möglichst Treffer zu vermeiden und den Gegner mit eigenen Attacken zu treffen. Sie beginnt mit dem Erlernen der richtigen Boxstellung und der Fortbewegung. Dann werden die ersten Schläge und Aktionen gelehrt. Von diesem Zeitpunkt an wird bereits Wert auf eine gute und bewußte Koordination der Arme und Beine gelegt. Außerdem wird an der Schulung der Reaktionsfähigkeit gearbeitet. Dieser gesamte Komplex stellt den einheitlichen Prozeß der technischen und taktischen Ausbildung dar.

Das Leistungstraining

Das Leistungstraining erfolgt in der Regel in Gruppen, wobei sowohl der Trainer als auch die Boxer untereinander an der Vervollkommnung arbeiten. Die Gruppen werden meist nach Alters- und Leistungsklassen zusammengestellt. Herausragende Talente werden zusätzlich im Einzeltraining geschult und trainieren mit Part-

Das Üben vor dem Spiegel ist Teil des Leistungstrainings

Ralf Rocchigiani beim Sparring

nern. Dazu kommen Übungen vor dem Spiegel zur eigenen Kontrolle, das sogenannte Schattenboxen als Übung mit einem gedachten Gegner, sowie die Arbeit an Schlaggeräten.

Das Sparring

Eine Besonderheit im Training ist das Sparring als Vorstufe für den Wettkampf. Es ist eine wettkampfähnliche Form der Beschäftigung und enthält zusätzlich besondere, vom Trainer vorgegebene Aufgaben. Außerdem soll nicht bis zur letzten Konsequenz gekämpft und geschlagen, sondern geübt werden. Dabei geht es vor allem um die Erarbeitung taktischer Varianten, technischer Feinheiten und spezieller konditioneller Anforderungen wie Tempobeschleunigung, Zwischenspurts und spezielle Kampfsituationen zur sichtbaren Steigerung am Ende der Runde. Dazu kommt das Einzeltraining mit Handschlagpolstern, auch Tatzen oder Pratzen genannt. Diese Übungen sind auch Bestandteil des Aufwärmens vor einem Wettkampf, dem sogenannten Einschlagen.

Die Wettkämpfe

Höhepunkte im Leben eines Boxsportlers sind natürlich die Wettkämpfe selbst. Sie dienen der Standortbestimmung und der Bestätigung des im Training erworbenen Könnens. Für die jüngsten Boxer gibt es vor allem Mannschaftsvergleiche und regionale Meisterschaften, später Landes- und Deutsche Meisterschaften für Jugendliche, Junioren und Senioren.

Ausgleichssport
Zum Erwerb der allgemeinen Kondition und zur aktiven Erholung gibt es für Boxer einige besonders geeignete Ausgleichssportarten. Das sind besonders Gymnastik, Leichtathletik, Geräteturnen, Schwimmen, Tennis und Fußball. Für Boxer hat sich vor allem Basketball wegen der Beweglichkeitsschulung als besonders nützlich erwiesen.

Diese breite Palette von Aufgaben wird an der Basis in den Vereinen realisiert. Sie sind das Fundament des Amateurboxens und seiner Organisationsstrukturen. Die Ausbildungsphase der Boxer, vor allem in jungen Jahren, liegt fast ausschließlich in den Händen der Amateurvereine. Im Profiboxsport ist auf Grund seiner Spezifik und seines eng gefaßten Kämpferpotentials ein solch langfristiger und detaillierter Leistungsaufbau nicht üblich, da es sich dort bereits um die Ausübung des Boxsports als Beruf handelt.

Profiboxen – das Millionengeschäft

Profi- und Amateurboxen werden oft wie Sekt und Selters betrachtet. Profiboxer sind Berufssportler, doch der weitaus größte Teil kann von den Börseneinnahmen nicht leben. Etwa 80 Prozent haben nebenbei noch einen Hauptberuf. Das Profiboxen hatte dennoch zeitweise das Image, besonders von Aktiven aus sozial unterprivilegierten Schichten zum Geldverdienen ausgeübt zu werden. Trotz der Gefährlichkeit, der Risiken für die Gesundheit und der schlechten Einflüsse auf den Charakter war es stets eine Chance für den sozialen Aufstieg. Der Profiboxsport mit seinen Trainern und Managern schafft Voraussetzungen, den Sport als Beruf auszuüben. Während es in den USA eine langfristige Heranführung von Amateuren an das Profigeschäft in gemeinsamen Camps und auf der Grundlage von Vorverträgen gibt, ist in Deutschland der Übertritt vom Amateur- ins Profilager ein scharfer Einschnitt. Daß ein Boxer mit 16 Jahren, wie der Berliner Michel Trabant, als jüngster deutscher Profiboxer eine Karriere bei den Preisboxern beginnt, gehört zu den Ausnahmen.

Zu den Millionenbörsen führt ein langer Weg. Ein gut ausgebildeter und kampferfahrener Amateur braucht in der Regel drei Jahre, um unter den Besten des Profigeschäfts mitmischen zu

Der junge Michel Trabant (rechts) 1995

können. Das Training leiten erfahrene Coachs, die ihre Sporen meist auch im Amateurlager verdient haben. Ihre wichtigste psychologische Aufgabe ist es, die im Prinzip fertig ausgebildeten Kämpfer auf ein neues Kampfmuster umzustellen. Die längeren Rundendistanzen verlangen vor allem einen konditionellen und taktischen Neuaufbau – im Unterschied zum Bewegungsbild in den Kurzzeitkämpfen bei den Amateuren.

Es gab Zeiten, in denen der Profiboxsport nur mit Mühe am Leben erhalten wurde. Längst aber hat der Wettlauf um die besten Amateure auf nationaler und internationaler Ebene begonnen. Auf entsprechend hohem Niveau bewegt sich auch das Training, und nur Sportler, die ständig trainieren, haben eine Chance auf große Titel und entsprechende Börsen. Da nun die besten Amateure ihre sportliche Karriere in eine berufliche Laufbahn einbringen, werden sie bereits mit langfristigen Verträgen und hohen Einstiegsprämien honoriert. Meist wird der garantierte monatliche Verdienst mit den Kampfbörsen verrechnet. Aber nicht nur das kommerzielle Umfeld und die finanziellen Größenordnungen schaffen eine Kluft zwischen den Lagern der Amateure und Profis. Die Schläge sind wegen der leichteren Handschuhe härter, außerdem verzichten die Berufsboxer auf Kopfschutz und Trikot, so daß man neben den Gesichtszügen auch das Muskelspiel verfolgen kann.

Zu Millionären werden auch Profiboxer nicht automatisch. Erst Titelkämpfe um die Krone eines Weltverbandes oder die Fights um die Europa- oder Deutsche Meisterschaft bringen nennenswertes Einkommen. Aber an den Börsen verdienen unter anderem Manager, Veranstalter und Trainer mit. Um das Geschäft richtig in Gang zu bringen, haben sich über die zurückliegenden Jahre zumindest die vier Weltverbände WBA, WBC, IBF und WBO so etabliert, daß ihre mit dem Prädikat Weltmeisterschaft versehenen Fights einen immer höheren internationalen Stellenwert bekommen und mit Hilfe von offenen Fernsehsendern und Pay-TV-Kanälen in großem Stil zum knallharten Geschäft um Millionenbörsen, Fernsehrechte und Werbeverträge werden. Nur so können die Börsen garantiert werden. Dabei schlagen die Schwergewichtler als sogenannte »Weltmeister aller Klassen« alle Rekorde und setzen die Maßstäbe. Damit können leichtere Boxer mit boxerisch attraktiveren Fights nicht konkurrieren. Profiboxkämpfe üben wegen ihrer Dynamik eine magische Anziehungskraft auf Zuschauer aus, da sie über die lange Distanz immer den Nervenkitzel des möglichen K.o. als totalen Triumph des Siegers beinhalten. Darin liegt sicher auch die Faszination, die immer breitere Kreise anspricht und zu Rekordeinschaltquoten führt. Dabei sind die Grenzen der boxerischen Darbietungen durchaus fließend. Unter Druck wird auch ein Stilist zum aggressiven Fighter.

Die Krönung ist neben der Börse die Erringung eines Weltmeistergürtels, der 1909 von Lord Lonsdale ursprünglich als **»Gürtel der Herausforderer«** erstmals gestiftet wurde.

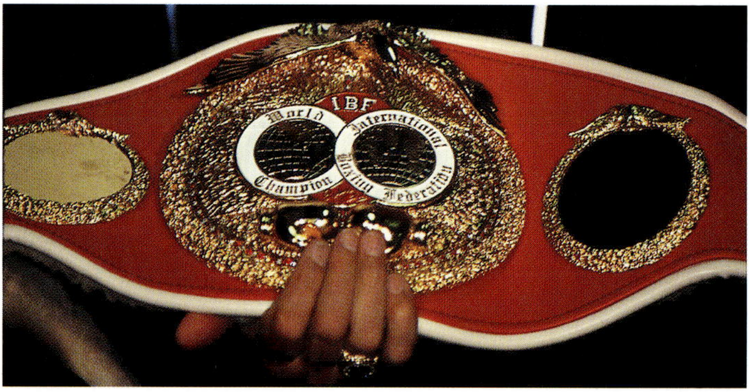

Begehrtes Stück: Der Schwergewichts-WM-Gürtel der IBF

Die meisten Berufsboxer mit limitiertem Können und ohne Aussicht auf eine große Karriere verdienen sich ihr Geld in Rahmenprogrammen, als sogenannte Aufbaugegner gegen vermeintliche künftige Champions und als Sparringspartner.
Dem umstrittenen Champion aller Klassen, »Iron« Mike Tyson mit Mao-Tätowierung am rechten Oberarm, gebührt der Ruhm, den Profi-Faustkampf auf das Wesentliche reduziert zu haben: Ring frei und raus und zugeschlagen, bis der Gegner wankt, noch eins drauf, damit er fällt – Boxen pur, bar aller Nebensächlichkeiten. Unheilbare Romantiker werden reklamieren, solches habe mit klassischem Boxen nichts mehr zu tun, dürfte statt dessen nur noch als Niederschlagen definiert sein. Mike Tyson und seinem Manager Don King ist es gleich – dann sei er eben der beste Niederschläger der Welt. Aber Evander Holyfield hat erst am 9. November 1996 in Las Vegas gezeigt, was man diesem Schläger entgegensetzen muß, um seine Schreckensherrschaft zumindest für einen gewissen Zeitraum zu unterbrechen. Und den umtriebigen Promoterkönig Don King wirft auch eine solche Niederlage nicht um. Er erwirtschaftet nicht nur mit Tyson, dem mit Schrammen versehenen König des Profireiches der Seilquadrate, sondern aus der Faustkraft seiner Matadoren insgesamt Umsätze eines Konzerns. Rückschläge gibt es für ihn nicht. Geschäftstüchtig nennen ihn die, die ihm wohlgesonnen sind, zwielichtig jene, die den mächtigsten aller Box-Funktionäre für einen skrupellosen Zeitgenossen halten. Als Tyson in Las Vegas wie ein geprügelter Hund, schwer gedemütigt und hart getroffen, in die Kabine schlich, da rieb sich King schon wieder die Hände. Er dachte unmittelbar nach der sensationellen Niederlage an ein neues Duell der beiden um den WM-Titel der WBA. Fast schien die Aussicht auf das nächste einträgliche Geschäft seine Haare zu elektrisieren. Die Rekordeinnahme (mehr als 150 Millionen Dollar) des vom Pay-TV übertragenen Holyfield-Tyson-Kampfes paßte da ins Bild.

Frauen im Ring

Mit der Maxime »Jeder Mensch soll den Sport ausüben, der zu seinem Charakter paßt«, trat die Tübinger Theologiestudentin Ulrike Heitmüller an, um in Deutschland und im Rahmen des DABV Voraussetzungen zu schaffen, daß auch Frauen in der männlichsten aller Sportarten zu Boxwettkämpfen in den Ring dürfen. »Auf Dauer ist mir das Training zu wenig. Ich will mich im Wettkampf beweisen, und zwar ausschließlich gegen Frauen.« Das war ein ganz entscheidender Schritt, denn Fitneßboxen für Frauen gab es schon lange. Sogar Marlene Dietrich hielt sich zu Zeiten Max Schmelings schon zusammen mit ihrer Freundin Carola Neher mit Boxtraining beim eher skeptischen Trainer Sabri Mahir fit. Über ihre damaligen Motive sagte sie einmal: »Die Wettbewerbsidee, der Wunsch zu siegen, ist mir nicht mitgegeben worden. Aber mich selbst zu besiegen, o ja, das ist eine andere Sache. In Sabri Mahirs Sportsaal habe ich in dieser Beziehung etliche Male versagt, aber auch einige Triumphe gefeiert. Zum Beispiel, als ich es Franz Diener beim Seilspringen endlich einmal gleichzutun vermochte.« Und Max Schmeling erinnert sich: »Bei Sabri traf ich eines Tages die Schaupielerin Carola, wie sie mit Boxhandschuhen einige Grundbewegungen dieses Sports erlernte. Als ich den Raum betrat, in dessen Mitte das Seilgeviert aufgestellt war, übte sie gerade, unterwiesen und korrigiert von Franz Diener, das Auspendeln und Wegtauchen.« Marlene Dietrich und Carola Neher hatten sich im Unterschied zu vielen anderen Frauen diesen Sport ausgesucht, um ihre Fettpölsterchen abzutrainieren. Auf die Idee, in den Ring zu steigen und zu kämpfen, wären sie allerdings nie gekommen.

Ulrike Heitmüller

Es dauerte Jahrzehnte und in Deutschland bis zu Henry Maskes Siegeszug, ehe die Frauen im Sog von dessen Popularität auch im Ring kämpfen wollten. Da war bereits eine breite internationale Aktion im Gange. In den USA erhob die 16jährige Jennifer McCleery mit dem Boxernamen Terry Malloy Anklage gegen den nationalen Amateurbox-Verband wegen Diskriminierung, weil sie nicht an Boxkämpfen teilnehmen durfte. Inzwischen hat sie dieses Gefecht erfolgreich bestritten. Die Boxkolumnistin Katherine Dunn schrieb danach: »Sie hat eine Tür eingetreten. Inzwischen akzeptieren Boxer und Trainer, daß auch Frauen in den Gyms boxen. Es sind nur noch die Funktionäre, die das nicht schlucken

wollen.« Das Frauenboxen hatte sich auch im Amateurbereich durchgesetzt, und am 30. Oktober 1993 fand in Seattle der erste Amateurboxkampf der Frauen statt.
Im DABV und im Weltverband AIBA votierten 1994 noch 76,9 Prozent der Funktionäre gegen das Frauenboxen als Wettkampfsport. Aber dies ist überwunden. Die Frauen dürfen in den Ring klettern und boxen. In Binz auf der Insel Rügen gab es im Oktober 1996 schon ein reines Frauen-Boxmeeting.

Der DABV hat inzwischen seine **Wettkampfbestimmungen für Frauen** verabschiedet und mit der vorläufigen Regelung vom 1. August 1995 veröffentlicht. Die Mehrzahl der Paragraphen wurde in ihrer Gültigkeit auf das Frauenboxen ausgedehnt. Es wurde auch schon die Möglichkeit eingeräumt, Einzelmeisterschaften durchzuführen, wenn mehr als 32 Teilnehmerinnen gemeldet werden. Zur Wettkampfkleidung gehört zusätzlich ein passender und geprüfter Brustschutz. Unter dem Kopfschutz dürfen keine Ohrringe, Haarnetze, -nadeln oder -ringe getragen werden. Bei jedem Start ist eine ärztliche Bescheinigung vorzulegen, daß keine Schwangerschaft vorliegt. Für Frauen wurden 14 Gewichtsklassen von 42 bis über 81 kg eingeführt, die in ihren Limits im wesentlichen mit denen der Männer korrespondieren. Gewogen wird in Kampfkleidung, geboxt wird in drei Runden zu je zwei Minuten. Ausdrücklich verboten sind Kämpfe zwischen weiblichen und männlichen Boxern.

Das Frauenboxen hat auch im Profibereich schon einen festen Platz. Es gibt eine internationale Föderation, die **Women International Boxing Federation (W.I.B.F.)**, deren Präsidentin derzeit Barbara Buttrick ist. Sie war die erste Boxerin in den USA, der man 1954 eine Radioreportage widmete. In der Internationalen Profirangliste sind 80 Boxerinnen erfaßt. Dazu gehört auch Regina Halmich. Seit 1995 ist die Karlsruher Rechtsanwaltsgehilfin die erste deutsche und unter den sieben Titelträgerinnen bereits eine der profiliertesten Weltmeisterinnen. Sie hat ihren Titel als Kämpferin der Hamburger UNIVERSUM Box-Promotion 1996 schon mehrfach verteidigt und wesentlich dazu beigetragen, daß die Vorurteile in der Männerszene abgebaut wurden, und außerdem hat sie ein sehr positives Medienecho. In Amerika und England gibt es bereits rund 400 Boxerinnen. Eine der besten, Christy Martin, ist von Promoterzar Don King unter Vertrag genommen worden. In Skandinavien – allein in Finnland gibt es schon 10000 Frauen, die Boxen trainieren –, den Niederlanden und England

Regina Halmich (links) auf dem Weg nach oben

gehören sie längst zum boxsportlichen Alltag. Daß der große Zuwachs in dieser Zeit erfolgte, ist ein Ergebnis der Emanzipation in den Industrieländern. Regina Halmich wollte unbedingt in den Ring und boxen. Sie hat einfach angefangen und nicht gefragt. Der Erfolg gibt ihr recht.

Fitneßboxen

Boxen liegt heute voll im Trend. Bereits in den achtziger Jahren kamen in zunehmendem Maße neue Zielgruppen wie streßgeprüfte Manager, Banker, Anwälte, Künstler und Filmleute, getrieben von dem Verlangen nach einem richtigen Workout, dem Trend auf die Spur. »Fitsein wie ein Boxer«, so lautet – zunächst in Amerika und wenig später in Deutschland – die Maxime, mit der die Busineß-Leute den Bewegungsmangel bekämpfen und ihr Selbstbewußtsein stärken. »Nach Sparring sind sie alle ganz verrückt«, sagt der Trainer einer solchen Fitneßgruppe in Frankfurt am Main. Doch bis er seine Schützlinge in den Ring läßt, müssen sie erst eine Grundausbildung absolvieren. Gymnastik, Stretching, Seilspringen, Arbeit an den Gewichten, mit dem Medizinball, mit den Tatzen. Wer den Schlagabtausch im Seilquadrat will, muß wie ein »richtiger Wettkampfboxer« erst das kleine Einmaleins lernen.

Im Unterschied zu dem höchsten Ziel eines Fights nach Wettkampfregeln soll Fitneßboxen helfen, den eigenen Körper zu erfahren, an die Grenze der Belastbarkeit zu stoßen, aber auch taktisches Verhalten zu lernen. Kraft, Schnelligkeit, Reaktionsvermögen, Flexibilität, Balance und Ausdauer – all diese Komponenten werden beim Boxtraining hinreichend und komplex wie bei keiner anderen Sportart geschult. Hier ist die Fitneß »die Frage der Ehre«, wie die Auseinandersetzung beim Superfight zwischen Henry Maske und Graciano Rocchigiani apostrophiert wurde.
Viele wissen gar nicht, was in ihnen steckt, sie wollen es mit dem Fitneßtraining »herauskitzeln«. Die Boxidole dienen einerseits als Wegbereiter für jeden einzelnen und andererseits dazu, das Boxtraining einer immer größeren Öffentlichkeit zugänglich zu machen. Und wer sich selbst ergründet, dem hilft es im Berufsleben wie im Alltag. »Es ist immer gut, wenn die Kunden ein bißchen Respekt haben. Boxen ist wie verkaufen. Du lernst, wann du attackieren mußt und wann nicht«, hat einmal ein amerikanischer Geschäftsmann, dessen Schweiß regelmäßig im legendären Gleason's Gym floß, geäußert. Und ein Chirurg, ebenfalls von der Leidenschaft des Fitneßboxens gepackt, erkannte: »Wenn du mich fragst: Ich würde lieber einen Boxkampf verlieren als ein Golfturnier gewinnen.« Ein weiterer Aspekt ist neben der Steigerung des allgemeinen Wohlbefindens wichtig: Den Großen nacheifern kann man unabhängig von Alter, sportlicher Intensität und nach selbstgewählten Kriterien.

Fitneßtraining im Boxen heißt, einen Zustand gesteigerter psycho-physischer Leistungsfähigkeit in gesundheitlicher und sportlicher Hinsicht zu erreichen, ohne sich den umstrittenen Gefahren eines Wettkampfes aussetzen zu müssen. Dabei geht es vor allem um die Schulung von Ausdauer, Kraft und Schnelligkeit als überwiegend *konditionelle* Eigenschaften sowie Beweglichkeit und Gewandtheit als *koordinative* Eigenschaften.

Genutzt werden die gleichen methodischen und materiellen Grundlagen, die in den folgenden Kapiteln beschrieben werden.

Die Ausrüstung

Für die Ausübung des Boxsports ist eine umfangreiche materielle Ausrüstung Voraussetzung. Das betrifft den Boxring, die Bekleidung und Ausrüstung des Kämpfers und die breite Palette der Trainingsgeräte.

Ein Ring mit Ecken

Wenn man das Wort Ring hört, kann man sich nur schwerlich ein von Seilen eingefaßtes Quadrat vorstellen. Aber der Boxring mit seinen vier Ecken hat sich über alle sprachlichen Barrieren hinweggesetzt und als fester Begriff verselbständigt.

Im 18. Jahrhundert fanden die Kämpfe auf sogenannten Schaubühnen statt. Im ersten Regelwerk des Engländers Broughton sind bereits Maße für eine Boxfläche erwähnt: Der Kampf mußte sich in einem Quadrat von 91 mal 91 Zentimetern abspielen. Ringseile wurden erst mit der Weiterentwicklung der Regeln 1889 eingeführt.

Für den Boxring bei Amateuren bzw. Profis gilt:

- Das Seilviereck muß mindestens 4,90 m und darf höchstens 6,10 m im Quadrat groß sein. Diese Maße gelten für den Raum zwischen den Seilen. Hochringe dürfen höchstens 1,22 m hoch sein. Internationale Wettkämpfe dürfen nur noch in Ringen von 6,10 mal 6,10 m ausgetragen werden.
- Der Ringboden muß eben, sicher montiert und ohne behindernde Federung sein sowie mindestens 50 cm *(bei den Profis 60 cm)* auf jeder Seite über die Seile hinausragen. Der Ring muß mit einer soliden, festen Plane, die rutschfest ist, ausgelegt sein. Darunter muß sich Filz- oder Schaumstoff in

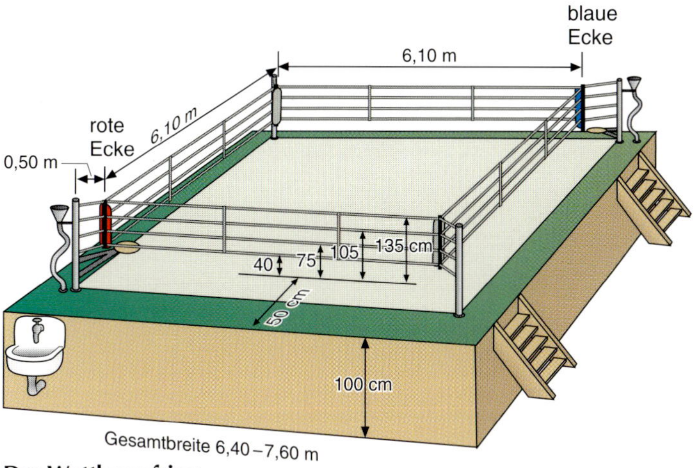

Der Wettkampfring

einer Dicke zwischen 1,5 und 2,5 cm als elastische Polsterung befinden.

- Seit 1994 sind vier mit Stoff oder einem gleichwertigen Material umwickelte Ringseile von drei bis fünf Zentimeter Durchmesser vorgeschrieben. Es können aber auch noch Wettkämpfe in Ringen mit drei Seilen ausgetragen werden. Die Höhe der Seile vom Boden beträgt bei den Amateuren 40, 75, 105 und 135 cm, für drei Seile 40, 80 und 130 cm. *(Bei den Profis sind 42, 71, 100 und 129 cm vorgeschrieben.)* Die Seile müssen mindestens 50 cm von den Ringpfosten entfernt sein. Auf jeder Seite müssen die Seile zusätzlich durch zwei mindestens einen Zentimeter breite Verbindungsteile – meist Tuchstreifen – gegen Verschiebung gesichert werden.
- In den Ringecken sind Ringpolster. Zwei diagonal gegenüberliegende Ecken werden durch rote (links von der Jury) und blaue (rechts von der Jury) Markierung der Eckpolster sowie weiße Polster für die beiden weiteren neutralen Ecken gekennzeichnet. Die Eckpolster müssen fünf bis sieben cm stark und 20 cm breit sowie 40 cm hoch sein.
- Zum Ring gehört eine Ringbeleuchtung. Sie besteht im Normalfall aus Tiefstrahlern, die so anzubringen sind, daß die Ringecken in mindestens zwei Meter Höhe beleuchtet wer-

den. Die Beleuchtung ist durch Halteseile gegen ein Herunterfallen sowie gegen Glassplitter bei zerplatzenden Birnen in den Scheinwerfern zu sichern. Eine gesonderte Ringbeleuchtung ist nicht mehr zwingend vorgeschrieben. Durch moderne Beleuchtungsmöglichkeiten, insbesondere bei Fernsehübertragungen, kann auch auf die Saal- oder Hallenbeleuchtung zurückgegriffen werden, wenn sie die nötige Helligkeit garantiert.

Neben der roten und der blauen Ecke sind Treppen zum Ring sowie Stühle aufzustellen.

- Für die Kämpfer müssen Sitze vorhanden sein, die entweder an den Eckpfosten ausschwenkbar fest angebaut sind oder in Form von Hockern in den Ring gestellt werden können.
- An einer neutralen Ecke muß eine Treppe für den Ringarzt vorhanden sein.
- Die Plätze der drei oder fünf Punktrichter werden vom Jurytisch aus im Uhrzeigersinn festgelegt.
- Der Ring ist mit einer fünf Meter breiten neutralen Sicherheitszone zu umgeben. (Werden bei Amateurmeisterschaften zwei Ringe zugleich benutzt, wird eine möglichst große Entfernung voneinander empfohlen. Die Signalgebung zum Beginn und Ende einer Runde soll dort dann auch unterschiedlich erfolgen, um Verwechslungen möglichst auszuschließen.)
- Die Einhaltung der Vorschriften für den Ring ist vor Beginn des Kampfes vom Ringrichter zu prüfen.

Die Handschuhe

Die Boxhandschuhe sind das wichtigste »Handwerkszeug« des Faustkämpfers. Der erste offizielle Boxkampf, der mit Handschuhen ausgetragen wurde, datiert aus dem Jahr 1892. Früher waren die Handschuhe vor allem mit Roßhaar oder Seegras gepolstert. Die Lederfäustlinge von heute sind meist mit Schaumstoff gepolstert. Im Amateurbereich sind darauf weiße Trefferflächen zu sehen. Nur Schläge mit diesen Flächen »sollen« normalerweise als Treffer gewertet werden. Sie sind bei repräsentativen Amateurveranstaltungen je nach der Ecke, aus der die Boxer kommen, rot oder blau. Die Trefferflächen wurden auf eine Anregung des finnischen Boxfunktionärs Valle Resko hin eingeführt. Die Handschu-

Sparrings-Boxhandschuhe

Wettkampf-Boxhandschuhe

he dürfen keine Nähte, Schnallen, zusätzlichen Lederriemen oder Klammern und einen eingenähten oder eingearbeitenen Daumen haben, sie werden nach Unzen gewogen. Die Polsterung und der Lederanteil betragen je die Hälfte des Gewichtes. Bei den Amateuren wird grundsätzlich nur noch mit zehn Unzen (285 g) schweren Handschuhen in allen Alters- und Gewichtsklassen geboxt. Bei den Profis beträgt das Gewicht sechs Unzen (171 g) bis zum Federgewicht, acht Unzen (228 g) bis zum Halbmittelgewicht oder zehn Unzen vom Mittelgewicht an aufwärts. Im Training werden häufig schwerere Handschuhe benutzt.
Die Handschuhe müssen innen am Handgelenk verschnürt und die Knoten auf der Handrückenseite angebracht werden. Heute werden Verschnürung und Knoten eingearbeitet und durch Klettverschlüsse abgedeckt, die oft zusätzlich durch Klebeband gesichert sind. Die Firmen der Handschuhhersteller müssen ihre Produkte beim internationalen Verband oder auf dieser Grundlage vom nationalen Verband amtlich prüfen und eichen lassen. Die AIBA hat gegenwärtig 22 internationalen Firmen die Zulassung für die Produktion geprüfter Handschuhe erteilt. Der Präsident der Sicherheitskommission der AIBA, der Kanadier Herbert S. Embuldeniya, würdigte im Oktober 1996 in Berlin die internationalen Bemühungen, weitere Fortschritte bei der Qualität der Handschuhe zu erreichen: »Es ist gelungen, mit Hilfe wissenschaftlicher Tests eine neue Handschuhform zu entwickeln, die die Wucht der Schläge weiter reduziert. Außerdem hat das Leder jetzt eine solche Qualität, daß es weniger Platzwunden gibt. Ferner erhöht sich die Lebensdauer der Handschuhe, was auch eine Kostenfrage ist.

Bevor wir eine internationale Zulassung erteilen, werden die Handschuhe umfassend geprüft und getestet. Sie werden aufgeschnitten, außerdem wird die Reißfestigkeit kontrolliert, und in einem Dauertest werden sie in ihrer Haltbarkeit maschinell bei bis zu 10 000 simulierten Schlägen überprüft.«
Auch bei Profikämpfen müssen international anerkannte Markenhandschuhe verwendet werden. Die Handschuhe werden grundsätzlich vom Veranstalter gestellt und müssen neu sein. Sie sind dennoch vor dem Kampf vom Ringrichter auf ihre Ordnungsmäßigkeit zu prüfen.

Die Bandagen

Zum zusätzlichen Schutz der Handgelenke, der Grundgelenke der Finger und der Knöchelpartien der Mittelhand sowie für die Hygiene der Hände durch das Aufsaugen des Schweißes und die Werterhaltung der Handschuhe ist es Pflicht, im Training und im Wettkampf Bandagen zu tragen. Sie müssen aus weichem Material wie Flanell, Mull oder Trikotschlauch hergestellt sein. Das Bandagieren gibt der Faust einen größeren Halt und soll Verletzungen an Daumen, Handgelenken und Knöcheln weitgehend vermeiden. Das Anlegen wird sehr individuell gehandhabt.

Die Bandagen

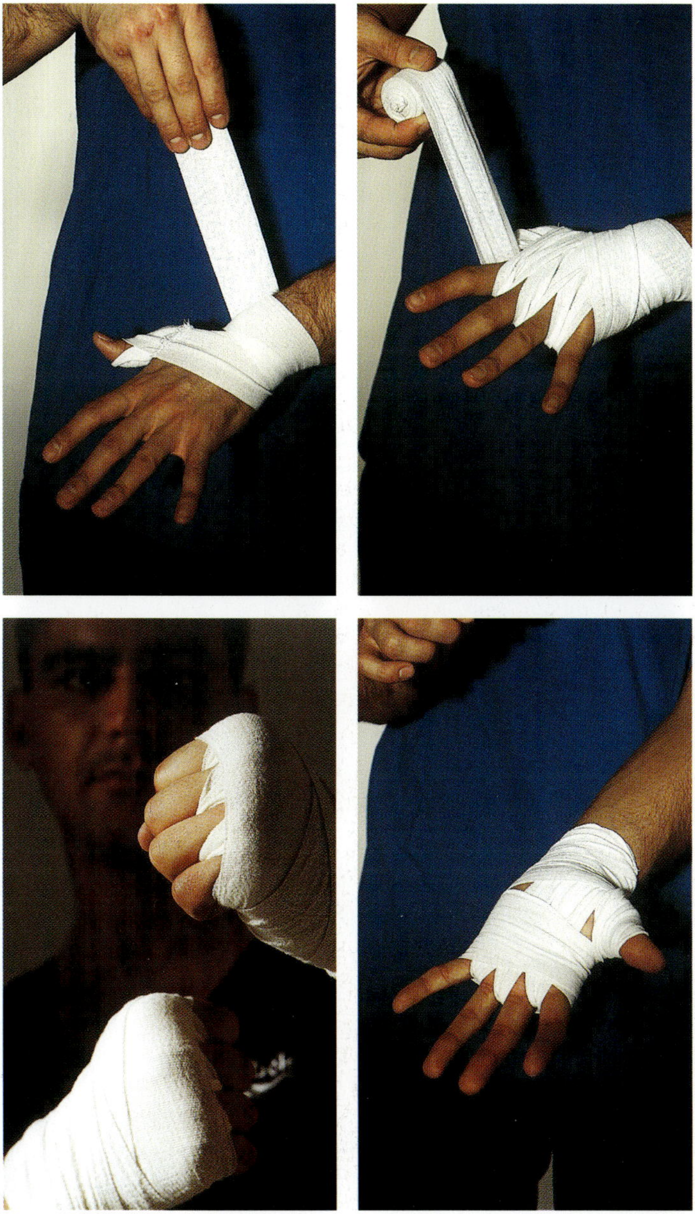

Das Bandagieren der Hände

Grundsätzlich werden die Bandagen im Kreuzverband angelegt, das heißt, vom Daumen über das Handgelenk zum Knöchel und wieder zurück zum Daumen. Sie dürfen nicht über die Manschetten der Kampfhandschuhe hinausragen. Es wird angeraten, die Bandagen kurz über dem Handgelenk abschließen zu lassen und in der Handinnenfläche zuzubinden, so daß die Bandagenschleife durch den Handschuhverschluß zusätzlich gegen Verrutschen gehalten wird. Es ist auch zulässig, zum Befestigen der Bandagen Heftpflaster oder Klebeband zu verwenden. Es darf nicht näher als 2,5 cm von den Knöcheln in einer Länge von 7,5 cm und einer Breite von 2,5 cm angebracht sein. Lösen sich Bandagen und werden im Kampf sichtbar, muß der Ringrichter unterbrechen. Er hat dann sogar die Möglichkeit, eine Bestrafung des Kämpfers wegen »unvorschriftsmäßiger Bandagen« vorzunehmen. Bei den Profis werden die Bandagen von den Offiziellen des Verbandes und von einem Sekundanten des Gegners geprüft und versiegelt.
Die Länge der Bandagen ist unterschiedlich. Bei den Amateuren dürfen sie höchstens 2,50 m lang und fünf Zentimeter breit sein. Bei den Profis dürfen sie nicht länger als neun Meter bis zum Mittelgewicht und darüber hinaus 9,60 m bei einer Breite von vier bis fünf Zentimetern sein. Neuerdings ist es bei den Profis auch gestattet, Bandagen aus medizinischem Klebeband zu verwenden, das allerdings maximal 5,50 m lang und nicht breiter als 2,5 cm bis zum Mittelgewicht sowie darüber hinaus sechs Meter lang und fünf Zentimeter breit sein darf.

Safety first – Schutz für den Körper

Der Boxer muß im Training und im Wettkampf sportgerecht bekleidet sein.

Für den Kampf gibt es eine festgelegte Kleiderordnung.
Sie besteht aus:
- Kopfschutz
- Mundschutz
- Trikot und Hose
- Handschuhen und Bandagen
- Tiefschlagschutz und
- Schuhen, den sogenannten Boxerstiefeln.

Profis boxen allerdings ohne Trikot und ohne Kopfschutz.

Der Wettkampf-Kopfschutz

Der Sparrings-Kopfschutz

Der Kopfschutz

Der Kopfschutz kam als letztes hinzu und war lange als Wettkampfausrüstung umstritten. Im Zuge der vom Internationalen Olympischen Komitee geforderten verstärkten gesundheitlichen Schutzmaßnahmen zur Erhaltung des Amateurboxens als olympische Sportart wurde zu Beginn der achtziger Jahre über die Einführung des Kopfschutzes im Wettkampf weltweit diskutiert, nachdem dieser zuvor nur im Training verwendet worden war. Bei den Olympischen Spielen 1984 hatte die AIBA erstmals für alle Kämpfer die Kopfschutzpflicht eingeführt. Nach einer Überbrückungszeit mit einer Kannbestimmung beschloß die AIBA 1986 auf ihrem Kongreß in Bangkok die grundsätzliche Pflicht des Tragens eines Kopfschutzes bei allen Wettkämpfen. Ziel dieser Vorschrift ist es, daß Verletzungen am Kopf, vor allem der Augenbrauen, vorgebeugt werden soll und die Schlagwirkung am Kopf und Schäden beim Aufschlagen mit dem Hinterkopf weitestgehend eingeschränkt werden sollen. Tatsächlich hat sich seitdem die Zahl der Knockouts durch Kopftreffer auf ein Minimum reduziert. Der Kopfschutz ist aus Leder und hat zumeist eine Kunststoff-Füllung, die die dämpfende Wirkung der Schläge erzeugt.
Die Experten forderten von Beginn an, daß die Einführung des Kopfschutzes keine allgemeine Festlegung sein kann. Er soll individuell angepaßt zu den persönlichen Ausrüstungsgegenständen zumindest jedes im Leistungssport tätigen Aktiven gehören. Inzwischen hat die AIBA 18 internationalen Fabrikaten die offizielle Zulassung erteilt, die mit einer für das Fabrikat verliehenen Prüfmarke kenntlich gemacht wird. Im Laufe der Zeit hat es zielgerichtete

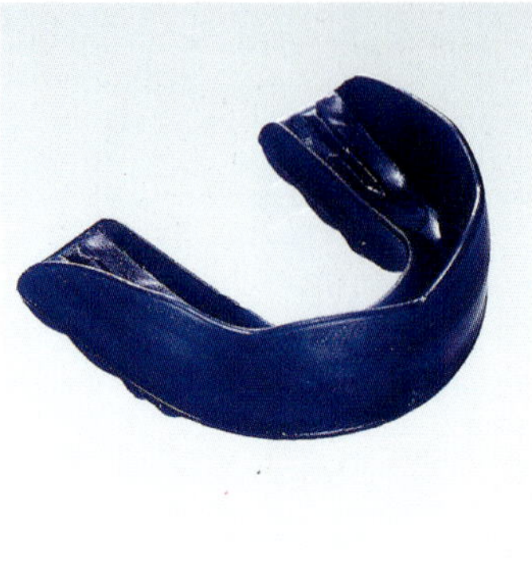

Der Zahnschutz

Das Trikot und die Shorts

Verbesserungen gegeben, die im Auftrag der Sicherheitskommission der AIBA entwickelt wurden. Dabei ging es vor allem um den verstärkten Schutz vor der Schlagwirkung in der Stirn- und Schläfenregion. Inzwischen ist im Wettlauf mit der Attraktivität des Profiboxens festgelegt worden, die Boxer nicht schon in der Kabine mit dem Kopfschutz auszustatten und sie unpersönlich zu uniformieren. Vielmehr soll der Kämpfer im Ring zunächst ohne Kopfschutz vorgestellt werden und ihn erst unmittelbar vor Kampfbeginn aufsetzen. Bei einem Defekt am Kopfschutz muß der Kampf unterbrochen werden und der Schaden behoben werden. Das Tragen eines Schweiß- oder Stirnbandes unter dem Kopfschutz ist erlaubt.

Der Mundschutz

Der Mundschutz dient vor allem dem Schutz der Zähne und Lippen. Die Benutzung ist zwingend vorgeschrieben. Während bei den Amateuren der Kampf unterbrochen wird, wenn ein Kämpfer den Mundschutz verliert, kann bei den Profis bis zum Rundenende weitergeboxt werden. Der Mundschutz besteht aus weichem Material, meist Kunststoff beziehungsweise Kautschuk, der sich nach einer speziellen Anpassung formt und stabil verhärtet. In einigen Standardgrößen ist der Zahnschutz auch zu kaufen. Es besteht vor allem für junge Boxer auch die Möglichkeit, ihn aus pulverisiertem Material und heißem Wasser selbst anzufertigen.

Das Trikot

Das ärmellose Trikot, das von den Amateuren getragen wird, soll fest sitzen, damit die Träger nicht rutschen und den Kämpfer be-

Der Tiefschutz

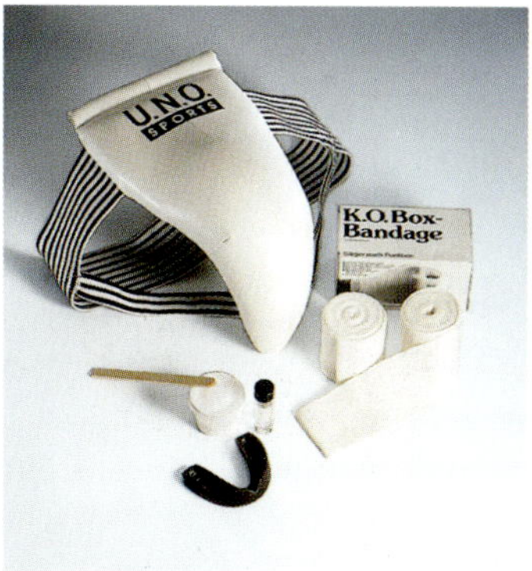

Boxutensilien

hindern. Es soll möglichst aus Baumwolle bestehen, weil sie atmungsaktiv ist und bis zu einem gewissen Grad Schweiß aufnehmen kann. Möglich sind aber auch moderne Kunststoff-Fasern in Kombination mit Baumwolle, die den Schweiß durchlassen, damit er teilweise verdunsten kann.

Die Hose

Ähnliches gilt für die Shorts, die locker sitzen und mindestens bis zur Hälfte des Oberschenkels lang sein müssen, aber bis zum Knie reichen können. Die Hose muß eine deutlich sichtbare, maximal fünf Zentimeter breite Gürtellinie als Hosenbund aus Gummizügen haben. Hemd und Hose sollen bei internationalen Meisterschaften die Farbe der Ecke haben, aus der der Boxer kommt. Auf jeden Fall muß sich die Kampfkleidung der Kämpfer deutlich unterscheiden. Bei den Profis muß jeder Boxer zu seinen Kämpfen zwei verschiedenfarbige Hosen mitbringen und diese dem Delegierten beim Wiegen vorzeigen.

Der Tiefschlagschutz

Der Tiefschlagschutz ist für die Sportler im Training und im Wettkampf vorgeschrieben. Er mildert Schläge unterhalb der Gürtellinie. Er wird von einem Gummi- oder Stoffgürtel gehalten und besteht aus Kunststoff oder Hartgummi. Das Auswechseln eines Tiefschlagschutzes hat ebenso wie das Beheben von Schäden an den Shorts in jedem Fall außerhalb des Ringes zu erfolgen. Das Verlieren eines Tiefschlagschutzes führt nicht zur sofortigen Disqualifikation, sondern leitet eine einminütige Kampfunterbrechung ein, die zur Behebung des Schadens gewährt werden muß. Kann der

Die Boxerschuhe

Das Profil der Boxerschuhsohle

Schaden nicht behoben werden, muß der Kampf abgebrochen und der Kämpfer wegen unvorschriftsmäßiger Kleidung disqualifiziert werden. Das Tragen eines Tiefschlagschutzes ist erst für Boxer ab zwölf Jahren Pflicht. Der Ringrichter hat vor Beginn des Kampfes das ordnungsgemäße Tragen des Tiefschlagschutzes zu überprüfen.

Die Boxerstiefel
Der Boxer soll im Ring rutschfeste Stiefel aus leichtem Leder oder Synthetik tragen. Sie dürfen keine Haken, Nägel oder Absätze haben und müssen bis über die Knöchel reichen. Den Kämpfern wird empfohlen, in den Schuhen Strümpfe oder Socken, möglichst aus Baumwolle, zu tragen.
Ausführliche Angaben zu Handschuhen und Bandagen gab es bereits im vorangegangenen Abschnitt.

Die größten Gefahren für den Körper

Erstes Ziel im Boxkampf bleibt es immer, den Gegner durch technische Überlegenheit zu besiegen. Die sicherste Möglichkeit dafür ist, ihn gezielt kampfunfähig zu machen. Das wird häufig geübt, und zwar soll vor allem bei den Profis der Erfolg mit einem entscheidenden Schlag (dem finalen Treffer) erreicht werden. Aber Training und Wettkampf finden unter völlig verschiedenen psychischen Voraussetzungen statt, so daß eine vorhersagbare

Genauigkeit der Plazierung eines kampfentscheidenden Treffers fast unmöglich ist. Außerdem werden vor allem im Amateurboxen immer wieder neue Maßnahmen und Festlegungen getroffen, den Boxsport zu »entschärfen« und technisch-taktische Elemente in den Vordergrund zu stellen.

Folgende Körperstellen über der Gürtellinie sind besonders empfindlich. Genaue Treffer können oft zur schnellen Kampfunfähigkeit führen.

- Schläfe
- Kinnspitze
- Halsseite
- Kehlkopf
- Herz
- Milz
- Solarplexus
- Leber
- Magen

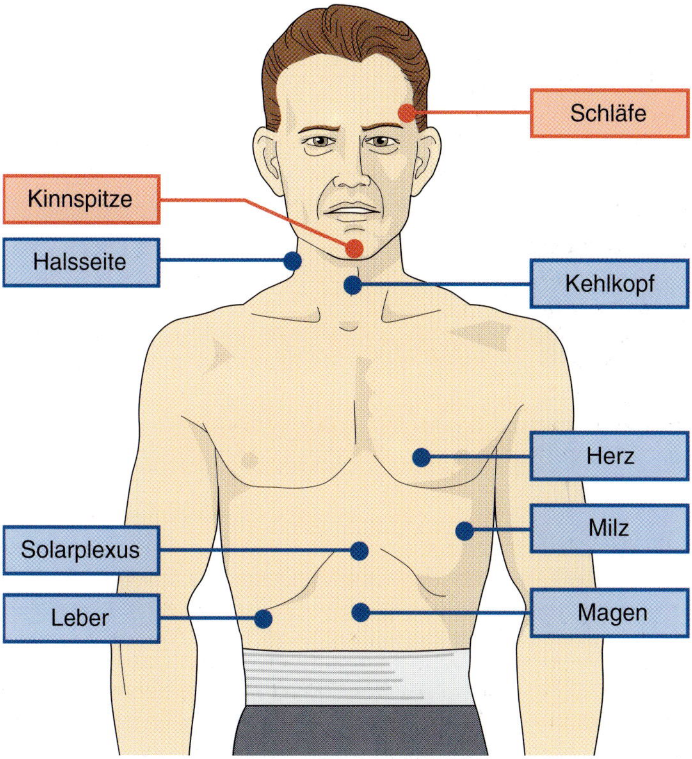

Empfindliche Körperstellen

• Treffer zur **Schläfe**, die nicht durch einen Kopfschutz in ihrer Wirkung gemindert wurden, haben Kreislaufstörungen wie unmittelbare Benommenheit, manchmal auch kurzzeitige Schwindelgefühle, Orientierungs- sowie auch Gleichgewichtsstörungen zur Folge.

• Treffer zur **Kinnspitze** erzeugen Schlagvibrationen im Gehirn. Dadurch treten kurzzeitige Bewußtseinstrübungen und Gleichgewichtsstörungen auf. Genaue Schläge führen am häufigsten zum K.o. Das rührt daher, daß die Muskelgruppen, über die der Schlag zum Kopf absorbiert wird, die sogenannten Halswirbelstrecker, sich von der Nacken- bis zur Kiefermuskulatur erstrecken. Deshalb ist es wichtig, diese Muskelpartien besonders gut zu trainieren, denn je besser das erfolgt ist, desto besser schützen sie vor dem durch Schläge hervorgerufenen Schock auf die Halswirbelsäule. Es gibt sogar besondere Trainingsgeräte für die ursprünglich aus dem Ringen entlehnten Übungen, die speziell auf das Krafttraining für diese Muskelpartien abzielen. Ihre Entwicklung kommt aus den USA und wurde durch den legendären Trainer Cus d'Amato erstmals eingeführt.

• Genaue Treffer auf die **Halsseite** können zu einer kurzzeitig verminderten Gehirndurchblutung durch Stauchung der äußeren und inneren Halsschlagader führen. Das führt normalerweise zu kurzfristigen Bewußtseinstrübungen mit Kreislaufregulationsstörungen. Die Halspartie soll durch eine gute Deckung abgeblockt werden.

• Treffer auf den **Kehlkopf** treten seltener auf, weil dieser meist durch das Kinn oder den Unterarm abgedeckt ist. Werden sie dennoch erzielt, können sie zu akuter Atemnot führen, die durch ein Anschwellen der Kehlkopf-Schleimhaut hervorgerufen wird und auch länger anhalten kann.

• Schläge, die das **Herz** oder die Herzgegend treffen, erschüttern den ganzen Brustkorb. Das kann zu Störungen der Herztätigkeit führen, verbunden mit vorübergehenden Kreislauf-Dysfunktionen und kurzer Bewußtlosigkeit.

• Treffer auf die **Milz** bewirken ebenfalls kurzfristige Kreislauf-Regulationsstörungen, da die Milz ein wichtiger Blutspeicher ist. Wird die Milz genau getroffen, tritt eine Unterbrechung der Blutzirkulation ein. Sie ist das größte, in das Blutgefäßsystem eingeschaltete unpaare lymphatische Organ, das etwa 150 bis 200 Gramm wiegt und dem Magen links oben anliegt. Aus den Treffern und Erschütterungen kann ein Kollaps resultieren, weil die organversorgenden Nebengefäße durch die Schlagwirkung ausfallen.

• Der **Solarplexus** ist ein Nervenzellenkomplex, der die vegetativen Funktionen des Körpers mitsteuert. Wird er getroffen, kommt es zu schwerwiegenden Dysfunktionen aller durch das Vegetativum gesteuerten Organe. Das kann zur plötzlichen Bewußtlosigkeit führen.

• Wird die **Leber** im rechten Oberbauch getroffen, tritt die Schlagwirkung meist verzögert auf. Grund dafür ist eine Unterbrechung des Blutkreislaufs in der Leber beziehungsweise ein möglicher Einriß der Leber, der dann zu einer Bauchblutung und zu einem Kreislaufkollaps führen kann. Besteht nur eine Kreislaufstörung, läßt die Wirkung nach kurzer Erholungszeit deutlich nach.

• Ein Schlag auf den **Magen** kann zu einem Zwerchfellkrampf führen. Die Wirkung zeigt sich möglicherweise in Bewußtlosigkeit und damit verbundener Kampfunfähigkeit.

Wegen der aufgezählten Verletzungsgefahren darf *kein Boxkampf ohne die Anwesenheit eines Arztes* durchgeführt werden. Der Ringarzt unterstützt den Ringrichter zum Wohle der Boxer bei der Entscheidung über den vorzeitigen Abbruch eines Kampfes nach schweren Treffern und kann Erste Hilfe leisten.

Die Trainingsgeräte

Das Boxen verlangt eine lange Ausbildung und eine gute Vorbereitung auf den Kampf. Grundsätzlich gehören dazu ein umfassendes, spezielles Lauf- und Konditionstraining. Der Schulung der Beweglichkeit dient besonders das Seilspringen, dazu kommen Gymnastik zur Lockerung und Stärkung von Muskeln und Organen sowie das Training an Geräten in Sporthallen, auf das hier speziell eingegangen werden soll.

Die wichtigsten Trainingsgeräte sind:

- Das Springseil,
- das Wandpolster und die Boxpuppe,
- der Sandsack,
- die Mais- und Federbirne,
- der Doppelendball,
- der Punktball,
- der Plattformball,
- Spezialgeräte zur Stärkung der Nacken- und Fingermuskulatur
- und der Spiegel.

Das Springseil

Das Seilspringen ist eine sehr beliebte und in vieler Hinsicht nützliche Übung für Boxer. Es trägt zur allgemeinen Bewegungsschulung bei. Es ist zugleich Bestandteil der Aufwärmarbeit, weil hierbei in der Muskulatur vermehrt Wärme produziert wird. Als Trainingsmethode unterstützt und fördert es die Beinarbeit, verbessert die Ausdauer und kann auch, wenn es unter der entsprechenden Belastung durchgeführt wird, zur Kräftigung der Beinmuskulatur eingesetzt werden. Weiterhin ist es ein sehr gutes Mittel, um den richtigen Bewegungs- und Atemrhythmus zu schulen. Das Sprungseil wird dabei aus den Handgelenken heraus gleichmäßig geschwungen. Dabei liegen die Oberarme eng am Körper, und nur das Drehen in den Handgelenken führt zum Schwingen des Seils. Die Sprünge erfolgen in lockerer Form fast ausschließlich mit dem Abdruck aus den Fußgelenken. Die Knie werden kaum gebeugt.

Das Wandpolster und die Boxpuppe

Das Wandpolster ist unbeweglich an der Wand befestigt. Der Anfänger kann an diesem Gerät zunächst gerade Stöße und Einzelschläge bewegungstechnisch aus der Distanz erlernen. Außerdem ist ein systematischer Aufbau der Kraftschulung möglich. Inzwischen gibt es mit Computern kombi-

Das Wandschlagpolster

nierte Geräte, die die Schlagkraft und die Schlagschnelligkeit messen können. Eine Weiterführung ist auch die sogenannte Boxpuppe. Sie ist beweglich und kann zur Schlagschulung variabel eingesetzt werden. Dort können dann auch Auf- und Seitwärtshaken geübt werden.

Der Sandsack

Der Sandsack (Heavy Bag) ist ein klassisches Trainingsgerät und ist von allen Boxgeräten am vielseitigsten einzusetzen. Er hängt an der Decke und ist als pendelnder Ledersack, teilweise auch schon mit einer Schaumstoffhülle umgeben, mit Sand oder Textilabfällen gefüllt. Die Sandsäcke gibt es in verschiedenen Größen (Länge und Umfang). Das Training an diesem Gerät dient vorrangig der Schulung der Schlagkraft und dem Erlernen von Schlagkombinationen. Durch das Schwingen werden verschiedene Winkel gebildet, so daß die Schläge ähnlich wie beim gegnerischen Körper aufprallen. Damit wird zugleich ein Beitrag zur Vervollkommnung der motorischen Koordination geleistet. Außerdem kann im Rahmen der Ausdauerschulung das Zeitgefühl unter Belastung trainiert werden. Es ist möglich, sich Kraft einzuteilen und Schläge mit differenzierter Frequenz und Härte

Der Sandsack

Der Ballhandschuh wird zum Schlagen auf Sandsäcke, Bälle und Wandschlagpolster verwendet

Die Maisbirne

Der Doppelendball

anzubringen. Die Distanz kann variiert werden, und an der Atemtechnik unter Belastung kann gefeilt werden. Es gibt auch Spezialformen mit fliehendem unterem Ende, die ein spezielles Training von Aufwärtshaken im Infight ermöglichen.

Die Mais- oder Federbirne

Die Mais- oder Federbirne ist bedeutend leichter als der Sandsack. Der Lederball in Größe eines Handballs, der locker an der Decke aufgehängt wird, zielt auf die Festigung der Bewegungsabläufe aller Einzelschläge, Schlagserien und Kombinationen, die der Boxer in der Abschätzung der Distanz, in der das Gerät ständig hin- und herpendelt, zum Kopf des Gegners führen will. Das geringe Gewicht der Maisbirne fördert ein akzentuiertes und genaueres Schlagen. Durch das in Weite und Schnelligkeit unterschiedliche Ausschwingen kann der Boxer auch die zweckmäßige Koordination zwischen Schlägen und Beinarbeit schulen. Außerdem eignet sich die Maisbirne zur Verbesserung der Schlag- und Bewegungsschnelligkeit. Die Federbirne ist ähnlich gebaut und hat adäquate Aufgaben. Sie steht aber im Unterschied zur Maisbirne auf einem federnden Stiel und bewegt sich ebenfalls frei.

Der Doppelendball

Der Doppelendball ist ähnlich groß wie die Maisbirne. Er ist nach oben und unten frei beweglich befestigt. Auch dort wird vorrangig

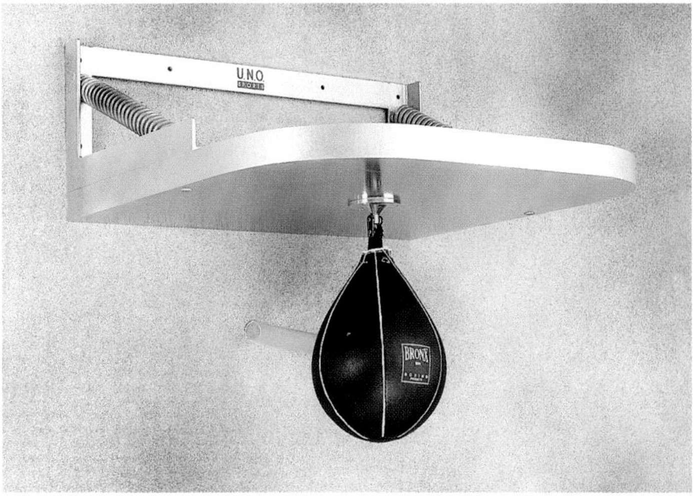

Der Plattformball

die Schnelligkeit und Genauigkeit der Schläge vervollkommnet. Er eignet sich besonders zum Üben von geraden Schlägen.

Der Plattformball
Der Plattformball, auch Bretterbirne genannt, ist über eine kleine Gelenkschraube an einem Holzbrett befestigt und wird durch die vorwiegend schnellen Schläge hin- und hergefedert. Er dient vor allem der Erhöhung der Schlagschnelligkeit, lockert die Unterarmmuskulatur auf und verbessert das Rhythmusgefühl.

Spezialgeräte für Nacken und Finger
Die Nacken- und Fingermuskulatur wird durch spezielle Geräte gestärkt. Dabei handelt es sich um bewegliche Kissen, die im Genick bewegt werden, beziehungsweise um hantelartige Geräte – Handimpander –, in die Federn eingebaut sind, die durch ständiges Zusammendrücken und Lösen die Finger beweglicher und muskulöser machen.

Der Spiegel
In jedem gut eingerichteten Boxsaal ist ein Spiegel. Damit kann der Sportler ständig seine technischen Fertigkeiten und taktischen Grundfähigkeiten überprüfen und vervollkommnen. Außerdem ist hier zugleich eine Möglichkeit des Aufwärmtrainings gegeben. Übungen vor dem Spiegel sind eine effektive Form der Einzelar-

beit. Hat der Boxer durch die Demonstration und auch durch Korrekturhinweise des Übungsleiters während des bewegungsmäßigen Erarbeitens eine klare Bewegungsvorstellung, kann er vor dem Spiegel üben. Dabei muß er die Bewegungen selbst kontrollieren und entsprechend korrigieren. Die Aktionen vor dem Spiegel erziehen zum Mitdenken und zur selbständigen Arbeit. Das Tempo der Bewegungen kann entsprechend dem Entwicklungsstand variiert werden. Außerdem garantieren hohe Wiederholungszahlen einen guten Lerneffekt.
Darüber hinaus gibt es noch das Schattenboxen zur Schulung des taktischen Handelns. Es sollte nur von Boxern geübt werden, die schon entsprechende Erfahrung besitzen. Der Boxer muß sich dabei einen bestimmten Gegnertyp vorstellen und seine Aktionen darauf einstellen. Bei weniger erfahrenen Boxern hat es vor allem bewegungsschulenden Charakter.
Das Schattenboxen kann man auch mit Zusatzbelastung durchführen. Dabei werden geringe Gewichte oder kleine Hanteln in die Schulung der Schlagführung einbezogen. Dadurch werden zugleich verschiedene Muskelpartien gestärkt.

Die Boxpratzen

Weitere Trainingsgeräte

Außerdem gibt es als Trainingsgeräte unter anderem noch den Federball, ein in Kopfhöhe des Trainierenden am oberen Ende mit einer Stahlfeder befestigter Ball, der senkrecht in einer Spiralfeder ruht und frei ausschwingend ein bewegliches Ziel für Schlagübungen bietet. Eine sogenannte Wandhaspel dient vornehmlich der Stärkung der Unterarmmuskulatur. Durch Auf- und Abrollen eines individuell eingestellten Gewichts wird dieser Effekt erzielt. Das Gerät wird an der Wand in Gürtelhöhe des Übenden angebracht. Außerdem wird der Medizinball zur Stärkung verschiedener Muskelpartien, insbesondere der Schnellkraft und der Bauchmuskelpartien gern verwendet.

Die Tatzen oder Pratzen

Ein wichtiges Trainingsgerät für den Trainer sind die ovalen Handpolster mit eingreifbarem Handschuh, auch Tatzen oder Pratzen genannt. Bei der Tatzenarbeit ist der Trainer zeitweilig Partner des Sportlers und fängt mit den Tatzen die Schläge ab und fintiert bestimmte Angriffs- oder Abwehraktionen. Außerdem kann er die Schlagbewegungen des Sportlers in allen ihren Phasen genau kontrollieren und korrigieren. Der Sportler kann aus seiner Sicht neben dem Bewegungsablauf gleichzeitig Schläge auf ein bewegliches Ziel üben. Der Trainer bestimmt mit veränderter Handführung die Richtung der anzubringenden Schläge, und somit können zugleich Aktionen und Gegenaktionen trainiert werden. In der Partnerarbeit mit Handpolstern werden wettkampfnahe Situationen geübt.

Die Boxpraxis

Das entscheidende Ziel im Boxsport ist das Setzen von Treffern. Die Kämpfer wollen in den Wettkämpfen auf der Grundlage der dafür vorgegebenen Regeln ihre sportliche Überlegenheit über den Gegner mittels Trefferzahl und wenn möglich auch durch Schlagwirkung demonstrieren.

Vorschriftsmäßige Treffer werden mit dem Teil der geschlossenen Faust geschlagen, der bei ungeschützter Hand den Ansatzgliedern oder den Knöcheln der vier Finger entspricht. Es darf nur mit dem gepolsterten Teil des Handschuhs auf die Vorderseite des Kopfes oder des Körpers oberhalb der Gürtellinie geschlagen werden.

Die Grundlagen der Boxtechnik

Die Boxstellung ist die typische Haltung eines Boxers vor, zwischen und nach einzelnen Aktionen im Kampf, die gleich gute Möglichkeiten für Angriffs- und Verteidigungshandlungen bietet. Die Füße stehen schulterbreit auseinander, die Fußspitzen zeigen nach vorn, und die Knie sind leicht gebeugt. Es handelt sich um eine möglichst natürliche und ungezwungene Körperhaltung, damit die notwendige Lockerheit bei allen Aktionen erhalten bleibt und einer frühzeitigen Ermüdung durch sich verkrampfende Muskulatur entgegengewirkt wird.

Die Linksauslage

In der Grundstellung unterscheidet man zwischen Links- und Rechtsauslegern. Bei der Links- oder Normalauslage sind linke Hand, linke Schulter und linkes Bein vorn, die Kampfführung erfolgt weitgehend über die linke Hand, während die Rechte als

Schlaghand mit der größeren Härte und Wucht möglichst kampfentscheidende Treffer setzen soll. Der rechte Fuß ist kurz hinter den linken Fuß gesetzt, und das Körpergewicht ist gleichmäßig auf beide Füße verteilt. Die Fäuste werden meist in Kinnhöhe gehalten, wobei die Handrücken nach außen zeigen und mit den Unterarmen eine Linie bilden.

Die Rechtsauslage

Bei der Rechtsauslage sind diese Stellungen und Haltungen genau umgekehrt: Die rechte Hand, die rechte Schulter und das rechte Bein sind vorn und diktieren den Kampf. In diesem Fall ist die Linke die Schlaghand. In den USA ist diese in Deutschland immer häufiger zu findende Auslage als »Southpaw« verschrien. Der Boxer wählt abhängig von seinen individuellen Möglichkeiten und Besonderheiten seine Auslage und seinen Stil.
Aus taktischen Gründen kann es auch einen Wechsel der Auslage geben. Handelt es sich um sogenannte »verkappte« Links- oder Rechtsausleger, so haben diese in der Führungshand die größere Schlagkraft.

Boxstellung, Beinstellung und Fortbewegung bilden das Fundament für die technischen und taktischen Handlungen und sind besonders für Anfänger ein wichtiges Trainingselement.

Die Fortbewegung

Bei den Schrittbewegungen verändert der Boxer seinen Standort schreitend-gleitend, vorwiegend auf den Fußballen. Der Fuß soll möglichst wenig die Verbindung zum Bodenbelag verlieren. Der der vorgesehenen Bewegungsrichtung nähere Fuß wird in der Regel zuerst gesetzt. Als Ausweichbewegung erlernt der Boxer unter anderem einen kleinen flachen Rücksprung.

Die Distanzen

In der Kampfesführung unterscheiden wir beim Abstand zwischen den Boxern die lange oder weite und die Halbdistanz sowie den Nahkampf oder Infight. Die Schläge können zum Kopf oder Körper oder auch wechselweise geführt werden.

Die Elemente der Kampfesführung sind vor allem:

- Gerade Stöße,
- Seitwärtshaken,
- Aufwärtshaken,

Linke Gerade zum Kopf

Rechter Haken zum Kopf (Gegner duckt ab)

- Schlagverbindungen,
- die Deckung,
- Paraden
- und Ausweichbewegungen.

Gerade Stöße

Gerade Stöße werden vom Distanzboxer am häufigsten geschlagen. Die Faust wird blitzschnell aus dem Schultergelenk heraus auf dem kürzesten Weg ins Ziel gestoßen. Zurückgeführt wird sie auf dem gleichen Wege und mit gleicher Geschwindigkeit. Mit der Führhand geschlagene Gerade bezeichnet man gemeinhin als *Jab*. Der zur Abwehr vorgestreckte Arm wird in schneller Bewegung durchgedrückt. Unterarm und Handrücken bilden eine möglichst gerade Linie. Mit Jabs wird ein Gegner distanziert, unter Druck gehalten und weitgehend am Aufbau eigener Angriffsaktionen gehindert oder zumindest gestört.

Seitwärtshaken

Seitwärtshaken sind die Hauptwaffen des Halbdistanzboxers und der Nahkämpfer. Viele Akteure benutzen sie wegen ihrer Härte vorrangig als Wirkungsschläge. Die Hand soll aus der Hüfte heraus, ansatzlos, in einem Winkel von etwa 90 Grad nach vorn zum Kopf oder Körper schießen. Gleichzeitig findet eine Schulterdre-

Linker Haken zum Kopf

Rechter Haken zum Kopf

hung des ausführenden Armes statt, der gegenüberliegende Oberschenkel wird nach vorn gedrückt. Durch diese ruckartige Drehbewegung wird der angewinkelte Arm mit der Faust in das Ziel gerissen. Die Bewegung des Arms ist etwa halbkreisförmig, die Fauststellung bleibt natürlich. Werden auf der Körperpartie Milz, Leber oder Solarplexus getroffen, kann eine vorzeitige Kampfentscheidung herbeigeführt werden.

Aufwärtshaken

Der Aufwärtshaken, auch unter der englischen Bezeichnung *Uppercut* bekannt, ist ein aus der Geschichte herrührender klassischer Schlag. Er wird im Infight am wirkungsvollsten angewendet. Er soll 1904 im englischen Woodgreen erstmals gezeigt worden sein. Ein kaum merkliches Zusammenfallen des ganzen Körpers, verbunden mit leichtem Fallenlassen der Faust bis zur Waagerechten des Unterarms, wobei der Handrücken nach unten zeigt, leitet den Schlag ein. Dann erfolgt eine Achtel- bis Vierteldrehung um die Längsachse des Körpers in Richtung des Schlagarms. Dabei wird der Körper explosiv gestreckt und gleichzeitig die Faust nach vorn und aufwärts ins Ziel gerissen. Damit kann besonders eine dichte Deckung wirkungsvoll bekämpft werden. Wegen seiner möglichen großen Schlagwirkung aus der kurzen Distanz heraus kann ein Uppercut auch zum K.-o.-Treffer führen.

Schlagkombination: Kurze Gerade mit der Schlaghand zum Kopf –

Schlagverbindungen

Am wirkungsvollsten sind Schlagverbindungen, -kombinationen oder -serien. Dabei verbindet der Boxer, je nach Kampfsituation und technischen Voraussetzungen, zwei oder mehr Schläge – maximal fünf –, einer oder verschiedener Arten miteinander. Sie werden am häufigsten mit der Führungshand eingeleitet. Überraschungsangriffe können aber auch mit der Schlaghand ohne Vorbereitung vorgetragen werden.

Die häufigsten Schlagverbindungen sind zum Beispiel:

- Gerade mit der Führungshand und der Schlaghand zum Kopf, zweimal Führungshand als Gerade zum Kopf und gerade Schlaghand zum Körper,
- Seitwärtshaken mit der Führungshand und Gerade mit der Schlaghand zum Kopf,
- kurze Gerade mit der Schlaghand und Aufwärtshaken mit der Führungshand zum Kopf,
- Seitwärtshaken mit der Führungshand zum Kopf und Aufwärtshaken mit der Schlaghand zum Körper,
- Aufwärtshaken mit der Führungshand zum Körper und Seitwärtshaken mit der Schlaghand zum Kopf
- oder Aufwärtshaken zum Körper und anschließend Seitwärtshaken mit der Führungshand zum Kopf, abgeschlossen mit einem Seitwärtshaken der Schlaghand zum Kopf.

Schlagkombination: Zweimal Führungshand Gerade zum Kopf –

Seitwärtshaken Führungshand – gerade Führhand zum Kopf

Die Deckung

Zu den Absichten eines Boxers gehört neben dem Anbringen von Treffern genauso das Vermeiden von Treffern. Dazu dient die Deckung. Sie soll gegnerische Treffer mit Hilfe der Handflächen, der Unterarme, der Ellenbogen und der Schultern verhindern. Gedeckt wird in der Regel mit der Hand, die der gegnerischen Schlaghand gegenübersteht. Je nach der Stelle, die gedeckt werden soll, unterscheidet man die Hauptarten Kopfdeckung, Körperdeckung, Ellenbogendeckung und Schulterblock. Die Doppeldeckung mit beiden Fäusten, die sogenannte blinde Verteidigung, wird als Passivität betrachtet und kann als Kampfunfähigkeit ausgelegt und mit Anzählen bestraft werden.

Paraden

Die meisten Verteidigungshandlungen werden in Form von Paraden geführt. Mit der Handfläche, dem Handrücken oder dem Unterarm »schiebt« man einen gegnerischen Schlag weg oder lenkt ihn ab. Am üblichsten sind Paraden nach innen oder oben gegen Stöße und Paraden nach schräg oben gegen Haken zum Kopf.

Ausweichbewegungen

Darüber hinaus kann man durch Beinbewegungen oder mit dem Oberkörper ausweichen. Aus diesen Grundformen läßt sich eine Vielzahl von Kombinationen ableiten. Wichtig ist stets die Zweckmäßigkeit der Bewegungen. Deshalb wird beispielsweise eine Ausweichbewegung in der Regel zugleich Auftakt für einen nachfolgenden Gegenangriff. Die bekannteste Ausweichbewegung ist der *Sidestep*, der Schritt aus der Linie nach der Seite. Vor dem angreifenden Gegner macht man schnell einen kleinen Schritt vorwärts-seitlich oder vor-seitwärts, damit der Angriff des Gegners ins Leere geht. Diese Handlung ist besonders wichtig, wenn ein Boxer in der Ecke oder an den Seilen gestellt wird. Wird der Seitschritt noch mit einem Schlag verbunden, so entsteht daraus eine für den Verteidiger erfolgreiche Abwehraktion als Konterattacke, meist als Cross geschlagen. Dieser wird am wirkungsvollsten geführt, wenn bei einer gegnerischen Geraden leicht mit dem Körper ausgewichen wird, während der Kopf kurz abtaucht. Dann schnellt man kurz hoch und landet über die Schulter des gegnerischen Schlagarms hinweg den Treffer, wobei sich die Schlagarme beider Kämpfer kurz kreuzen. Diese Aktion ist deshalb besonders wirkungsvoll, weil sie eine gute Möglichkeit zur Wende von der Defensive zur Offensive bringt.

Gegnerischen Schlägen begegnet man außerdem besonders gut mit Ausweichbewegungen des Körpers: durch Neigen nach hinten oder nach der Seite, mit dem sogenannten Auspendeln, dem Rollen als kreisförmigem Ausweichen, dem Abducken als Seitvorwärtsneigung, dem Abtauchen als leichtes Beugen in den Hüft- oder Kniegelenken.

Pendeln
des Boxers
im Ausfallschritt

Ausweichen
durch Rückschritt

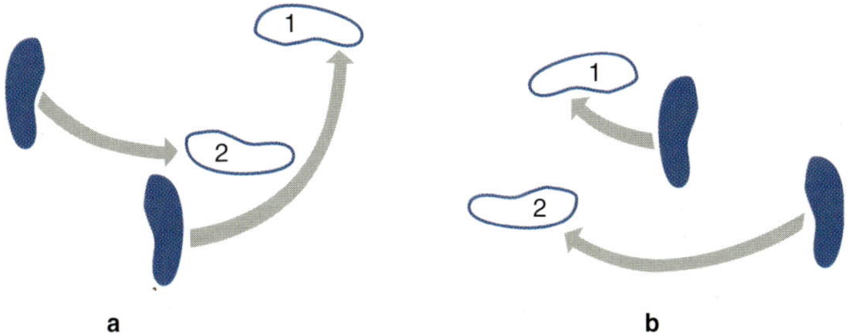

Beinbewegungen beim Sidestep nach rechts (a) und links (b)

Alle genannten Elemente der Kampfesführung werden selten als Einzelaktionen ausgeführt, sondern sind meist miteinander verbunden. Während beispielsweise eine Hand schlägt, muß die andere bemüht sein, mögliche Schläge des Gegners abzuwehren. Das erfordert eine geistig-körperliche Koordination in vielfacher Hinsicht.

Power bis zum Schlußgong

Konditionelle Grundlagen

Im Boxen ist wegen der spezifischen Zweikampf-Auseinandersetzung in jeder Phase eine Kampfentscheidung möglich. Ein altes Sprichwort sagt, daß ein Kampf erst mit dem Schlußgong beendet und gewonnen oder verloren sei. Je nach der Länge des Kampfes ist es erforderlich, sich auf ein bestimmtes Muster vorzubereiten. Amateure boxten bisher in der Regel drei Runden zu je drei Minuten – jüngere Boxer entsprechend kürzere Rundenzeiten – mit je einer Minute Pause. Ab 1. Januar 1997 hat die AIBA für alle Seniorenkämpfe eine Distanz von fünf Runden zu je zwei Minuten bei je einer Minute Pause festgeschrieben. Allein die Kampfesführung in einer um eine Minute verkürzten Runde verlangt eine völlig neue strategische Aufteilung der Aktionen und einen neuen Rhythmus in der Einteilung von Kraft und Ausdauer, gepaart mit Tempo, Bewegungs- und Aktionshäufigkeit. Bei den Berufsboxern sind diese Komponenten aufgrund der längeren Kampfzeiten anders gewichtet. Sie müssen zwischen vier und (bei Titelkämpfen) zwölf Runden zu je drei Minuten im Ring stehen.

Grundlage für die Power bis zum Schlußgong sind vor allem eine umfassende *Ausdauerschulung* und eine genaue *Krafteinteilung*. Um die Kampfdistanz bewußt mit der nötigen Handlungsvielfalt, -dichte und -sicherheit durchstehen zu können, ist eine ausgiebige *mentale Vorbereitung* notwendig. Sie beschäftigt sich sowohl mit der Beherrschung der eigenen Möglichkeiten, als auch mit den zu erwartenden Aktionen des Gegners. Diese Aspekte sind auch die wesentlichen Orientierungspunkte des Trainingsprozesses.

Der Leistungsaufbau erfolgt über mehrere Etappen, mit der Grundausbildung beginnend und über die Ausbildung der Fortgeschrittenen zur sportlichen Höchstleistung hinführend.

Der Gesamttrainingsprozeß wird in vier Hauptstufen eingeteilt:

- das Grundlagentraining,
- das Aufbautraining,
- das Leistungstraining
- und das Hochleistungstraining.

Entsprechend dieser Graduierung werden die Anforderungen im Training und Wettkampf gestaltet.

Konditionelle Grundlagen

Von grundsätzlicher Bedeutung ist die Entwicklung allgemeiner und spezieller konditioneller Grundlagen. Es sind dafür alle konditionellen Komponenten wie Kraft, Ausdauer, Schnelligkeit, Beweglichkeit und Gewandtheit zu verbessern, die komplex ausgebildet sein sollten. Das erfordert eine stabile Gesundheit. Die schrittweise Erhöhung der Belastungsverträglichkeit hilft, die Voraussetzungen für das technisch-taktische Training zu entwickeln. Unter den konditionellen Fähigkeiten kommt der Schnellkraft eine besondere Bedeutung zu. Eine unzureichend ausgeprägte Grundlagenausdauer wirkt sich ungünstig auf alle Komplexe aus.

Ausdauer: Unter Ausdauer versteht man die Widerstandsfähigkeit des Organismus gegen Ermüdungen. Je besser die Ausdauer ausgeprägt ist, desto besser kann der Boxer seine Mittel über die jeweilige zeitliche Dauer des Kampfes einsetzen. Das Niveau der Ausdauer wird vor allem von der Funktionstüchtigkeit des Herz-Kreislauf-Systems, des Stoffwechsels und des Nervensystems bestimmt. Außerdem nehmen Willenseigenschaften Einfluß auf die Effektivität des Ergebnisses des Ausdauertrainings. Zur Ausbildung der allgemeinen Ausdauer werden vor allem Waldläufe über längere Strecken durchgeführt. Dazu gehören auch dem Rundenrhythmus des Boxens angepaßte Laufbelastungsformen mit Spurts. Als Sportarten, die der Ausdauerentwicklung besonders förderlich sind, werden vor allem Ringen, Rudern, Schwimmen, Ski-Langlauf und alle Arten von Sportspielen betrachtet. Außerdem hilft auch Seilspringen bei der Ausdauerschulung.

Kraft: Das Boxen stellt auch hohe Anforderungen an die Krafteigenschaften des Athleten. Vorrangig verlangt es Schnellkraft und die Fähigkeit, schnellkräftige Bewegungen über die gesamte zeitliche Dauer eines Kampfes ausführen zu können. Ein geflügeltes

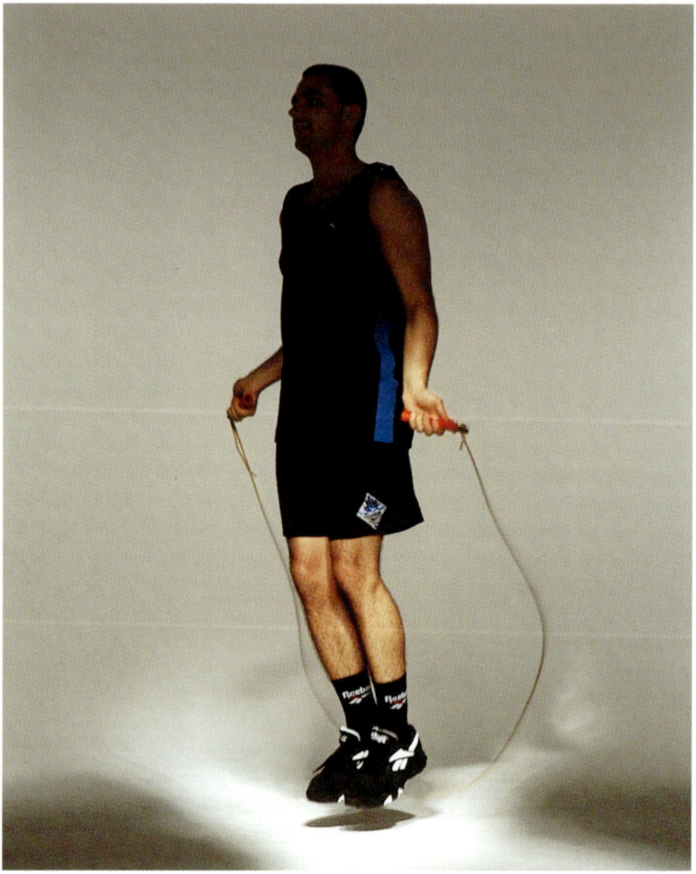

Seilspringen ist Bestandteil des Aufwärmens, verbessert Ausdauer und

Wort sagt, ein Boxer muß mit seinen Schlägen und Aktionen »explodieren« können. Aber blitzschnelle und kraftvolle Aktionen ausführen zu können reicht nicht, weil mit der Deckung wichtige Schläge des Gegners pariert werden müssen. Hier werden wiederum ganz andere Anforderungen an die Kraftleistung im Nerv-Muskel-System gestellt als bei eigenen Schlägen. Darüber hinaus gibt es weitere Kampfsituationen, die einen speziellen Kraftaufwand erfordern. Dazu sind spezielle Entwicklungsreize für die Kraftentwicklung nötig, die in allgemeine und spezielle Übungsformen umgesetzt werden. Bei einer richtigen Auswahl und Ausführung

Beinarbeit und schult den richtigen Bewegungs- und Atemrhythmus

von Kraftübungen kommt es darauf an, diese sinnvoll mit Dehnungs- und Lockerungsübungen zu koordinieren und gleichzeitig immer die Ausrichtung auf die Schulung der Schnellkraft zu sichern. Zur Kraftschulung gehören Übungen mit Hanteln. Die allgemeine Kraftentwicklung fördern neben speziellen gymnastischen Übungen vor allem Turnen, Kugelstoßen, Ringen oder Rudern als Ausgleichssportarten.

Schnelligkeit: Bei den Schlägen, den Ausweichbewegungen sowie den Angriffs- und Verteidigungshandlungen ist die Schnelligkeit besonders wichtig. Es bestehen vor allem enge Beziehungen zu Kraft- und Schnellkraftausbildung, zur Beweglichkeit und Gewandtheit. Schnelligkeit im Boxen ist eine komplexe Fähigkeit, die das Zustandekommen schneller Aktionen maßgeblich beeinflußt. Dazu gehören vor allem die Reaktionszeit, die Geschwindigkeit der Einzelbewegung, die Handlungsdichte und die maximale Bewegungsfrequenz, mit dem Ziel der Zusammenführung dieser Einzelkomponenten zu einer gezielten Handlung. Die Schnelligkeit wird wesentlich durch die Schulung des Koordinationsvermögens und der Schnellkraft verbessert.

Gewandtheit und Beweglichkeit: Gewandtheit und Beweglichkeit spielen vor allem deshalb eine große Rolle, weil sich ein Boxer rasch den im Kampf sich ständig verändernden Situationen anpassen muß. Er muß in der Lage sein, möglichst schnell vom Angriff in die Verteidigung umzuschalten, aus der Abwehr zum Gegenangriff überzugehen und bei all diesen Handlungen blitzartig die zweckmäßigsten technischen Mittel auszuwählen und situationsgerecht anzuwenden. Diese Anpassungs- und Umstellungsfähigkeit ist ein wesentlicher Aspekt der Gewandtheit. Eng damit verbunden ist die Beweglichkeit. Sie ist ebenfalls eine elementare Voraussetzung für das Boxen. Bestimmend für die Beweglichkeit sind die Dehnbarkeit der die Gelenke umgebenden Bänder, Sehnen und Muskeln und ihre dazugehörige Kraft. Die Ausbildung der allgemeinen Gewandtheit und Beweglichkeit unterstützen Sportspiele, vor allem Basketball, Turnen und Ringen sowie die spezielle Boxgymnastik.

Mit der Ausprägung dieser Grundanforderungen wird der Boxer in die Lage versetzt, seine Kampfkonzeption bewußt umzusetzen und mit den nötigen Willensqualitäten über die gesamte Kampfdistanz voll konzentriert zu agieren.

Strategie und Taktik

Alle erlernten und beherrschten Elemente des Boxens erfordern für ihre Umsetzung und Anwendung im Kampf eine Strategie und Taktik. Dabei spielen die individuellen Fähigkeiten und die daraus abgeleiteten Bewegungsmuster, insbesondere unter Berücksichtigung der Stärken und Schwächen eines Kämpfers, eine herausragende Rolle. Alle Bestrebungen, das Boxen uniform zu lehren und zu präsentieren, sind an den sehr differenzierten individuellen Eigenschaften der Aktiven gescheitert. Deshalb muß man bei der Beschreibung der allgemeingültigen Ansätze davon ausgehen und immer wieder darauf hinweisen, daß durch die unterschiedlichen Kampfdistanzen bei Amateuren und Profis die Umsetzung und Anwendung speziellen zusätzlichen Rahmenbedingungen unterliegen. Dazu können hier nur Grundsätze erläutert werden.

Der Angriff: In der Taktik sind Angriff und Verteidigung die wichtigsten Handlungen. Als Angriffshandlung bezeichnet man das zielgerichtete aktive Einwirken auf den Gegner, das durch Ausführen von Schlägen in der Vorwärtsbewegung gekennzeichnet ist. Das schließt nicht aus, daß bei der Angriffsvorbereitung Schritte rückwärts und seitwärts oder andere Bewegungen ausgeführt werden. Eine wichtige taktische Variante ist die Verbindung von Angriff und Gegenangriff, der im günstigsten Augenblick aus der Verteidigung heraus in den Vorwärtsgang des Gegners gestartet wird.

Die Verteidigung: In der Verteidigung wird zwischen aktiver und passiver Verteidigung unterschieden. Letztere ist wenig zweckmäßig und bringt dem Boxer kaum Vorteile. Man ist in diesem Fall nur bestrebt, gegnerische Treffer zu vermeiden, ohne selbst im Angriff aktiv zu werden. Bei der aktiven Verteidigung ist der Boxer darauf bedacht, nicht nur den gegnerischen Angriff abzuwehren, sondern selbst auch Treffer anzubringen. Besonders gute Möglichkeiten bietet dafür das bewußte Kontern. Nach anfänglichem Zurückweichen wird der angreifende Gegner durch plötzliches Stehenbleiben oder einen kurzen Rückwärtsschritt, verbunden mit einem kräftigen Schlag, gestoppt. Allerdings ist das Kontern schwierig zu erlernen. Es erfordert gutes technisches Können, eine größere Risikobereitschaft und starkes Selbstbewußtsein im Ring sowie gute Kampfübersicht und Reaktionsfähigkeit.

Wichtiger Bestandteil von Strategie und Taktik ist auch die **Kampfführung in den verschiedenen Distanzen**. Dabei ist es das strategische Ziel, möglichst häufig in die für die individuellen Fähigkeiten günstigste Distanz zu kommen und ungünstige Distanzen durch geschicktes taktisches Verhalten zu vermeiden.

Der Distanzkampf: Im Distanzkampf bieten sich, ausgehend von einer entsprechenden (meist überlegenen) Reichweite, insbesondere gerade Stöße an. Typisch war diese klassische Art zu boxen bei den Engländern. Boxer, die diesen Stil bevorzugen, klassifiziert man als Distanzboxer. Ihre wichtigste taktische Waffe ist die Ausnutzung der vollen Reichweite, was dem Gegner das Anbringen von Treffern erschwert. Durch wellenförmige Angriffe, unterstützt von rollenden, täuschenden und pendelnden Oberkörperbewegungen, kommt der Boxer in die Distanz. Dabei muß nicht jeder Angriff bis zu Ende geführt werden. Zunächst muß mit der Führungshand die Distanz bestimmt und verteidigt werden. Beim Angriff, vornehmlich mit der Schlaghand, muß die Schlagschnelligkeit explosiv erhöht werden, um die Reaktionsmöglichkeiten des Gegners einzuschränken. Dieser Stil hat außerdem den Vorteil, daß in der Mehrzahl für die Kampfrichter gut erkennbare Treffer gesetzt werden, was beim Einsatz der Punktmaschine im Amateurboxen besonders zum Tragen kommt.

Der Nahkampf: Beim Nahkampf stehen die Kämpfer sich fast Körper an Körper gegenüber und arbeiten vorwiegend mit Hakenserien. Vor allem Boxer, die kleiner als der Gegner sind, versuchen, auf diese Art zum Erfolg zu kommen. Bei dieser Art, die Kampfesführung zu bestimmen, muß der Boxer möglichst lange ein Ausbrechen des Gegners in die längeren Distanzen verhindern. Boxer können einen Fight nicht ausschließlich in dieser Distanz führen. Sie haben allerdings hier gute Möglichkeiten, den Körper an »leicht verwundbaren« Stellen zu treffen und eine vorzeitige Entscheidung zu erzwingen. Wichtigste taktische Aufgabe ist es, die lange oder Halbdistanz des Gegners zu überwinden oder zu durchbrechen, um in den Nahkampf oder Infight zu kommen.

Der Halbdistanzkampf: Robuste, schnelle und konditionsstarke Boxer, vor allem auch im Profilager, bevorzugen in der Regel den Halbdistanzkampf. Er ist die zwischen dem Distanz- und dem Nahkampf liegende Art der Kampfesführung, bei der man vorwiegend mit Schlagserien arbeitet und zum Erfolg kommt. Boxer, die diese Art bevorzugen, nennt man Halbdistanzkämpfer.

Für die komplexe Kampfesführung ist die Beherrschung aller drei Distanzen notwendig. Ein wichtiges taktisches Mittel ist der Wechsel der Distanzen in Verbindung mit einer effektiven Beinarbeit. Die Mehrzahl der Kämpfer hat einen Spezialschlag, den sie möglichst oft und wirksam anzubringen versuchen. Für jeden Gegner ist es deshalb wichtig, diesen Schlag zu erkennen und geeignete Gegenmittel zu finden, um ihn zu vermeiden.

Nahkampfszene

Ein wirksames Mittel, den Distanzwechsel vorzubereiten, ist das **Fintieren**. Dabei handelt es sich um Schläge, die nur angedeutet und nicht ausgeführt werden, um statt dessen die Strategie des Gegners zu stören und in eine neue Position zu kommen. Der anschließende Angriff erfolgt dann aus einer neuen Stellung oder einer neuen Distanz.

Henry Maske und sein Trainer Manfred Wolke verstehen darunter, dem Gegner etwas »anzubieten«, um dann genügend Freiraum für die Umsetzung der eigenen Taktik zu bekommen. In dieser Hinsicht zeigte Henry Maske über weite Strecken lehrbuchreifes Boxen.
In der Hitze des Gefechtes kann auch die Übersicht einmal verlorengehen, oder der Boxer hat einen harten Treffer einstecken müssen. Dann ist es erforderlich, daß die Aktionen des Gegners schnellstmöglich unterbunden werden. Die Aktionen richten sich nach dem Grad der Kampfbeeinträchtigung. Wirksamste Mittel sind, den Kampf durch das Legen der Hände in die Ellenbogenwinkel des Gegners und nahes Herantreten zu unterbrechen, den Gegner stürmisch zu attackieren, damit er auf seine eigene Verteidigung umorientiert und der eigene Zustand verschleiert wird.

Tips für Training und Sparring

Vor den Preis (des Sieges im Kampf) ist im Boxsport im besonderen Maße der Fleiß gesetzt. Die Ausbildung eines guten Boxers ist ein langwieriger und planmäßig gesteuerter Prozeß. In diesem Kapitel soll dargestellt werden, was eine gute Ausbildung besonders wirkungsvoll fördert. Das Training umfaßt sowohl die Herausbildung eines guten und sportlich leistungsfähigen Körperzustandes als auch das spezielle Üben von boxsportspezifischen Aufgaben, vornehmlich an den Übungs- und Trainingsgeräten. Dabei ist es wichtig, möglichst unter Anleitung von erfahrenen Übungsleitern und Trainern zu arbeiten, die ständig Korrekturen vornehmen können und eine wichtige Kontrollfunktion ausüben.

Nach dem **Aufwärmen** der Muskulatur sollte stets ein umfassendes **Gymnastikprogramm** im Stehen, Gehen, Sitzen und Liegen, mit einem Partner, mit Geräten wie Medizinbällen und an Geräten wie der Sprossenwand durchgeführt werden. Die Übungsleiter sollten die Aufgaben interessant und vielseitig gestalten und die Übungsformen häufig variieren.

Das Grundlagentraining
Wichtige Elemente des Grundlagentrainings sind auch leichtathletische Übungen mit Dauer- und Intervallbelastung. Dafür eignen sich insbesondere Sprints sowie Zeit- und Intervall-Läufe, Weitsprung und Kugelstoßen.

Bauchmuskelübungen für Boxer

Die Kraftarbeit ist ausgerichtet auf Maximal- und Schnellkraft sowie Kraftausdauer. Dabei geht es um die gezielte Kräftigung der Arm-, Schulter- und Brustmuskulatur einerseits sowie der Rumpf- und Beinmuskulatur andererseits. Diese Übungen werden mit Scheiben- und Handhanteln in verschiedenen Stellungen ausgeführt. Beim Schattenboxen sollten zusätzlich Handhanteln verwendet werden.
Die technische Ausbildung und die Schulung von Willensqualitäten erfordert ein intensives Training an den Geräten. Dabei soll möglichst frühzeitig nach dem Zeitrhythmus eines Kampfes trainiert werden. Der Trainer muß nach der Demonstration der vorschriftsmäßigen Ausführung von Übungen vor allem in der Anfangsphase und nach dem Stellen neuer Aufgaben ständig auf eine saubere und korrekte Ausführung achten und schon bei kleinen Fehlern Korrekturen vornehmen. Die Beschäftigung an den einzelnen Geräten sollte abwechslungsreich und mit konkreten Aufgaben gestaltet werden. Dabei geht es auch um das Training von Schlagfolgen-, -serien und -verbindungen sowie das Abducken und Pendeln.
Spezielle Übungen zur Schnelligkeitsverbesserung sind zunächst mit maximaler Geschwindigkeit auszuführen, wobei die Pausenintervalle so zu gestalten sind, daß eine möglichst volle Wiederherstellung der Leistungsfähigkeit gesichert wird. Das richtige Verhältnis von Belastung und Erholung ist eine wichtige Grundvoraussetzung für ein effektives Training insgesamt. Wir unterscheiden zwischen einer aktiven Erholung mit lockeren Übungen und einer passiven Erholung, dem einfachen »Ausruhen«.

Sparring ist die wettkampfnahe Vorbereitung auf die Auseinandersetzung im Ring.

Bei den Amateuren ergibt sich das Sparring meist in Übungen mit Sportlern der eigenen Trainigsgruppe oder Mannschaft oder wird in besonders angesetzten Vergleichen mit anderen Staffeln organisiert. Profiboxer haben bei der Vorbereitung auf Höhepunkte über eine längere Zeit feste Sparringspartner. Sie werden nach speziellen Gesichtspunkten ausgesucht, um den zu erwartenden Gegner möglichst gut zu kopieren. Der Sparringspartner ist dann ebenfalls ein erfahrener Profi. Wer sich dafür zur Verfügung stellt, will entweder dazulernen oder einfach Geld verdienen. Je mehr sie den Hauptkämpfer fordern und je besser sie den Stil des Gegners imitieren können, desto wertvoller sind sie.

Ein Blick ins Regelbuch

Boxen wird nach fest vorgegebenen sportlichen Regeln durchgeführt. Für die Einhaltung der Regeln vor und während des Kampfes ist der Ringrichter zuständig. Auf Grund der gesundheitlichen Gefahren, die beim Boxen nie ganz ausgeschlossen werden können, gibt es umfangreiche Sicherheitsbestimmungen, die bei Amateuren und Profis in unterschiedlicher Weise angewendet werden. Um einen sportlich einwandfreien Verlauf zu garantieren, sind nur regelgerechte Handlungen und Schläge erlaubt und regelwidrige Aktionen ausdrücklich verboten. Um sportlich ausgewogene Kämpfe unter vergleichbaren Bedingungen durchführen zu können, werden die Kämpfer in Leistungs-, Gewichts- und Altersklassen eingeteilt. Jährlich, vor einem Kampf und nach vorzeitigen Niederlagen mit der Gefahr von Nachwirkungen ist für jeden Boxer ein Gesundheitscheck vorgeschrieben, der im Kampfpaß eingetragen sein muß. Dopingvergehen sind im Boxen selten, aber es gab auch hier schon Versuche, sich unerlaubte Vorteile zu verschaffen. Deshalb gibt es detaillierte Anti-Doping-Vorschriften sowie bei nationalen und internationalen Meisterschaften Dopingkontrollen. Diese wesentlichen Festlegungen sind in den Regelwerken verankert.

Der Ringrichter und die Urteile

Der Ringrichter gewährleistet die Einhaltung der Wettkampfbestimmungen während eines Kampfes. In allen Zweifelsfragen ist seine Meinung entscheidend.
Er macht die gegen die Regeln verstoßenden Kämpfer auf ihre Fehler aufmerksam und ermahnt, verwarnt oder disqualifiziert sie je nach der Schwere ihres Vergehens. Er ist berechtigt, Wettkämpfer, die trotz wiederholter Ermahnung den Kampf nicht aufnehmen, zu disqualifizieren.

Grundvoraussetzungen für die Tätigkeit als Ringrichter:

- Er muß unparteiisch sein.
- Er muß über schnelle und präzise geistige und körperliche Reaktionsfähigkeit verfügen.
- Er muß sich im Regelwerk auskennen und mit der grundlegenden Technik des Boxsports vertraut sein.
- Er muß ein entschlossener, selbstsicherer und besonnener Mensch sein.
- Er muß über eine gute körperliche Kondition verfügen, dazu gehören Wendigkeit, Ausdauer, gutes Sehvermögen, volle Konzentration.
- Er muß neben seinen theoretischen Kenntnissen auf dem Gebiet des Kampfrichterwesens in Sparrings- und Trainingswettkämpfen praktische Erfahrungen sammeln, da theoretisches Wissen allein nicht genügt und die praktischen Erfahrungen speziell in der Ausbildung nicht ersetzen kann.
- Er darf sich nicht von Reaktionen der Zuschauer oder dem Image der Boxer beziehungsweise der Trainer beeinflussen lassen.
- Er muß sich einer sportlichen Lebensweise befleißigen.
- Er muß sich regelmäßigen jährlichen Untersuchungen unterziehen. Zusätzlich wird vor Meisterschaften und Turnieren im Amateurbereich eine ärztliche Untersuchung vorgenommen.

Der Ringrichter hat als erster, noch vor den Kämpfern, den Ring zu betreten und verläßt ihn nach Verkündung des Urteils als letzter.

Nach Betreten des Rings hat der Ringrichter zu prüfen,

- ob der Ring und die Ausrüstung in Ordnung sind,
- ob in den Ecken Wasser vergossen worden ist, wodurch der Ringboden glatt und gefährlich sein würde,
- ob die Querverbindungen der Ringseile in Ordnung sind,
- ob sich irgendwelche harten Gegenstände im Ring befinden (diese muß er nötigenfalls entfernen),
- ob irgendwelche harten Gegenstände auf dem Ringpodest sind, die ebenfalls entfernt werden müssen.

Nachdem die Kämpfer den Ring betreten haben, muß der Ringrichter prüfen, ob sie ordnungsgemäß gekleidet sind, ob sie einen Tief- und Mundschutz und bei den Amateuren zusätzlich, ob sie einen ordnungsgemäßen Kopfschutz haben.

Der Ringrichter zwischen Frank Bruno (links) und Mike Tyson

Die Bekleidung des Ringrichters besteht bei Amateurkämpfen aus einer sauberen weißen Hose und weißem Hemd sowie nagelfreien Sportschuhen ohne erhöhte Absätze. Profiringrichter tragen in der Regel keine weiße Bekleidung, sie kann auch grau oder schwarz sein. Das Tragen von Gegenständen, die bei den Athleten zu Verletzungen führen können – wie Ringe, Gürtelschnallen, Halsketten oder Uhren –, ist untersagt. Ringrichter dürfen zur Ausübung ihrer Tätigkeit keine Brillen tragen. Die Benutzung von Kontaktlinsen ist erlaubt. Fehlt ein Punktrichter, kann im Profiboxen ein Ringrichter zugleich auch Punktrichter sein. Im Prinzip ist hier bei weniger bedeutungsvollen Kämpfen meist der Ringrichter einer der drei Punktrichter. Es gibt auch Festlegungen, daß der Ringrichter die alleinige Entscheidungsbefugnis über den Kampfausgang erhält. Der Ringrichter hat Ermahnungen und Verwarnungen – mit Begründung – den Kämpfern sowie dem Schiedsgericht deutlich anzuzeigen.
Vor dem Kampf hat der Ringrichter die beiden Aktiven einzuweisen und zu einer fairen und sportlich einwandfreien Kampfesführung aufzufordern.

Während des Kampfes darf sich der Ringrichter – außer beim Zählen, das normalerweise in englisch erfolgt – nur der folgenden **Kommandos** bedienen:

»Box«	= Kampfaufnahme oder -fortsetzung
»Stop«	= Unterbrechung des Kampfes
»Break«	= Die Boxer müssen sich voneinander lösen und jeweils einen Schritt zurücktreten, der Kampf kann ohne weiteres Kommando fortgesetzt werden

Ausschließlich im Profiboxen:
Nachname eines Boxers oder deutliches Zeigen auf den Boxer
= Ermahnung oder Verwarnung

»Out«	= Vorzeitges Kampfende beim Auszählen eines Boxers
»Time«	= Anfang bzw. Ende einer Runde

Das Anzählen: Ein zu Boden gegangener Boxer wird in der Regel bis acht angezählt, danach wird der Kampf wieder freigegeben. Ist der zu Boden gegangene Boxer kampfunfähig, zählt der Ringrichter bis zehn-out, womit der Kämpfer als durch K.o. besiegt gilt. Es gibt unterschiedliche Regeln, wonach der Ringrichter auch bei einem klar erkennbaren Groggy-Zustand einen Boxer im Stehen anzählen kann. In der Mehrzahl der Verbände ist das möglich.
Während ein Amateurboxer nach dreimaligem Anzählen in einer Runde oder viermaligem Anzählen in einem Kampf automatisch aus dem Ring genommen wird, ist das bei den Profis nicht zwingend vorgeschrieben. Auch hier gibt es unterschiedliche Bestimmungen in den einzelnen Verbänden.

Grundsätzlich sollte der Ringrichter sich in eine den Boxern entgegengesetzte Richtung bewegen. Dabei soll der Ringrichter die Vorderseite der Boxer stets im Auge behalten und nicht hinter ihnen stehen. Eine größere Distanz ermöglicht einen besseren Überblick über die Aktionen. Der Ringrichter sollte vor allem dann den Abstand zu den Boxern verringern,

- wenn er bei einem schwierigen und unsauber geführten Kampf häufiger unterbrechen muß,
- wenn die Kampffähigkeit eines Boxers in Frage gestellt ist,
- wenn beide Boxer hauptsächlich im Nahkampf agieren und häufig halten,

Der kampfunfähige Boxer wird bis zehn-out ausgezählt

- wenn das Publikum so laut schreit, daß die Kommandos von den Boxern nicht klar zu hören sind,
- wenn der Kampf zum Rundenende unterbrochen wird.

Kampfunterbrechung oder -abbruch: Große Aufmerksamkeit muß der Ringrichter dem Zeitablauf bei der Behandlung von Verletzungen durch den Ringarzt schenken. Mit dem Kommando »Time« wird bei den Profis die Uhr angehalten, und der Ringarzt wird um Begutachtung in der neutralen Ecke gebeten. Will der Arzt die Wunde behandeln, signalisiert der Ringrichter, daß er Behandlungszeit genehmigt hat. Jede Runde kann bis zum Ablauf einer Minute beliebig oft für die Behandlung einer Verletzung unterbrochen werden. Der Ringrichter muß auf Anraten des Arztes den Kampf gegebenenfalls abbrechen. Wird die Unterbrechung von insgesamt einer Minute pro Kämpfer zur Behandlung von Verletzungen ebenso wie zum Beheben von Schäden an der Kampfkleidung (z.B. Herausrutschen des Tiefschutzes) überschritten, so ist der Kampf abzubrechen. Es erfolgt die Urteilsverkündung (gemäß der Sachlage, die zum Abbruch führte): Abbruch des Ringrichters

(RSC), Disqualifikation oder bei einer Verletzung Auswertung nach Punkten bei den Amateuren, wenn die zweite Runde schon begonnen hatte. Eine Sonderregelung gilt bei Turnieren, wo ein ohne Verschulden des Gegners verletzter Boxer ausscheidet.

Das Urteil: Besondere Sorgfalt muß der Ringrichter bei der Übermittlung des Kampfergebnisses an den Sprecher wahren, sofern das Punkturteil nicht über den Computer ermittelt wurde. Ansonsten sammelt der Ringrichter die Wertungen der Punktrichter zuvor ein und überprüft sie auf ihre Richtigkeit. Bei Titelkämpfen im Profiboxen werden die Punktzettel nach jeder Runde eingesammelt und beim Delegierten oder Vertreter des durchführenden Verbandes abgegeben, der dann auch das Urteil bekanntgibt.

Folgende Urteile sind möglich:

- Sieg nach Punkten
- Unentschieden, wenn die Mehrheit der Punktrichter die gleiche Punktzahl errechnet hat oder sich unterschiedliche Wertungen zugunsten der beiden Kämpfer mit einem Unentschieden ausgleichen (bei Turnieren der Amateure gibt es kein Unentschieden)
- Sieg durch RSC *(Referee stops contest)* wegen sportlicher Überlegenheit, Verletzung oder gefährlicher Kopftreffer
- Sieg durch K.o., wenn ein kampfunfähiger Boxer ausgezählt wird
- Sieg durch Aufgabe eines Kämpfers oder stellvertretend eines Sekundanten
- Sieg durch Disqualifikation nach drei Verwarnungen oder sofort nach einem schweren Foul
- Kampfloser Sieg *(Walk over)*, wenn der Gegner nicht zum Kampf erscheint
- Ohne Wertung *(No Contest)*, wenn der Kampf wegen irgendwelcher äußeren Einflüsse (defekter Ring, defekte Beleuchtung oder ähnliches) nicht ordnungsgemäß zu Ende geführt werden kann

Bei den Profis werden die vorzeitigen Entscheidungen meist unter der Kategorie »technischer K.o.« zusammengefaßt.
Ring- und Kampfrichter allgemein haben vor ihrem Amtieren eine Prüfung abzulegen. Die Punktrichter sind in Leistungsklassen eingeteilt und können sich für die jeweils höhere qualifizieren. Die

höchste nationale Klasse ist die Meisterklasse. Darüber hinaus können Kampfrichter auch internationale Lizenzen erwerben. Dafür müssen sie vor einer internationalen Jury eine Prüfung ablegen. Sie können im Amateurbereich Lizenzen für die kontinentale Föderation oder die Weltföderation AIBA bekommen. Die Zahl der internationalen Kampfrichter jedes Verbandes ist limitiert. Im Profibereich ist die Regelung ähnlich. Internationale Lizenzen gibt es nach entsprechenden Prüfungen für die Europäische (kontinentale) Box-Union oder für die Weltverbände. Kampfrichter können auch bei mehreren Weltverbänden lizenziert sein. Bei Welt-, Europa- und nationalen Meisterschaftskämpfen wählt der jeweilige Verband die Ringrichter aus. Bei internationalen Meisterschaften sollten sie möglichst aus einem neutralen Drittland kommen.
Für Ringrichter gibt es im Amateurbereich national und international eine Altersbegrenzung von in der Regel 60 Jahren. Im Bund Deutscher Berufsboxer können Ringrichter ihre Tätigkeit bis zum 65. Lebensjahr ausüben (Punktrichter bis zum 67.). In Ausnahmefällen kann von dieser Regelung abgewichen werden.

Sicherheitsbestimmungen

Ohne die Anwesenheit eines fachkompetenten **Arztes** dürfen keine öffentlichen Boxkämpfe durchgeführt werden. Während der Abwesenheit des Arztes ist eine Veranstaltung bis zu seiner Rückkehr zu unterbrechen, denn der Ringarzt ist in erster Linie für die Gesunderhaltung der Boxer verantwortlich. Außerdem hat der Veranstalter einen Verbandskasten zur Verfügung zu stellen.
Der Arzt ist verpflichtet, mit dem Ringrichter während des Kampfes Kontakt zu halten. Der Ringarzt kann bei den Profis im Interesse des Gesundheitsschutzes nach Aufforderung durch den Ringrichter während des Kampfes die sofortige ärztliche Behandlung vornehmen. Die Behandlungszeit darf für einen Kämpfer pro Runde eine Minute nicht überschreiten. Durch besondere Zeichen sind die letzten Sekunden der ablaufenden Minute der Behandlungszeit dem Ringrichter anzuzeigen. Liegt die Gefahr gesundheitlicher Schädigungen für einen Kämpfer vor, kann der Arzt den Abbruch des Kampfes dem Ringrichter oder Sekundanten vorschlagen. Bei den Amateuren muß sich der Arzt an die Jury wenden, nur sie kann von außen einen Kampf stoppen.
Ein Kämpfer, der einen Kampf durch Kopf-K.-o. oder Abbruch nach Kopftreffern (RSC/Head) verliert, muß sofort vom verantwort-

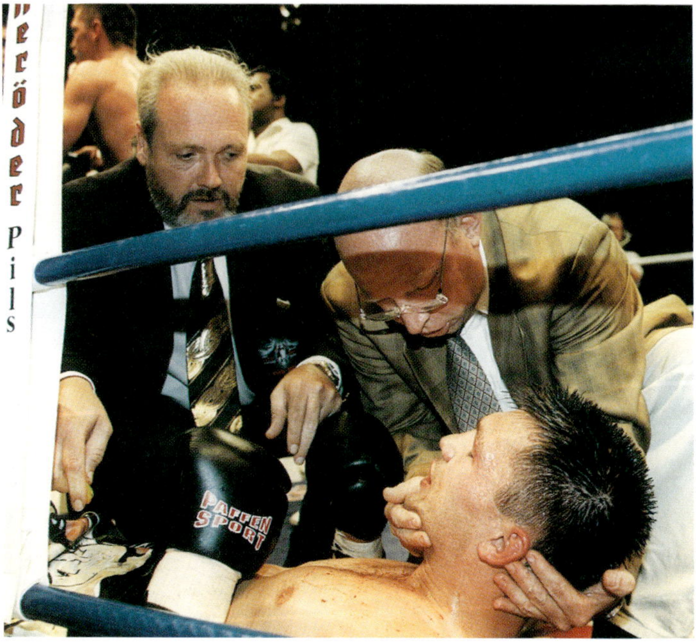

Dariusz Michalczewski wird vom Ringarzt versorgt

lichen Arzt untersucht werden. Das Startbuch wird eingezogen, und der Kämpfer erhält nach einer Meldung des K.o. eine **Schutzsperre**, die im Startbuch eingetragen ist. Sie beträgt vier Wochen. Tritt der Fall in zwei Kämpfen hintereinander ein, darf der Boxer nach dem zweiten K.o. oder Abbruch mindestens drei Monate und nach drei aufeinanderfolgenden Niederlagen dieser Art ein Jahr nicht zum Sparring oder Wettkampf zugelassen werden. Nach Beendigung der Schutzsperre ist jeweils eine ärztliche Untersuchung erforderlich. Boxer über 30 Jahre werden im Amateurbereich nur dann zu weiteren Wettkämpfen zugelassen, wenn der zuständige Landesverbandsarzt seine Zustimmung gibt. Die Freigabe muß jedes Jahr neu erfolgen. Voraussetzung ist neben einer Jahresuntersuchung eine neurologische Fachuntersuchung, möglichst eine Computertomographie.

Nach Erreichen des 37. Lebensjahres ist für die Sportler die aktive Teilnahme an offiziellen Boxwettkämpfen nicht mehr gestattet. Diese Beschränkungen gibt es – wie die vielen Comebacks ehemaliger Weltmeister zeigen – im Bereich des Profiboxens nicht.

Die Vorschriften des Gesundheitsschutzes sind von Land zu Land und von Verband zu Verband sehr unterschiedlich. Alle anderen Vorschriften für die Sicherheitsbestimmungen während des Kampfes sind in den wesentlichen Punkten gleich.

Unerlaubte Handlungen

Wer Anordnungen des Ringrichters nicht befolgt, gegen Kampfregeln verstößt und unsportlich kämpft, kann nach sorgfältigem Ermessen des Ringrichters dafür ermahnt (gerügt), im Wiederholungsfall verwarnt und bei drei Verwarnungen im Normalfall disqualifiziert werden. Bei besonders schweren Vergehen kann aber auch disqualifiziert werden, ohne vorher zu verwarnen. Beim Erkennen unerlaubter Handlungen unterbricht der Ringrichter mit dem Kommando »Stop« und gibt den Kampf mit dem Kommando »Box« wieder frei. Verbotene Handlungen werden in den meisten Fällen zuerst mit einer Ermahnung geahndet und führen erst im Wiederholungsfall zu Verwarnungen.

Unerlaubte oder verbotene Handlungen und Schläge (Fouls) sind am häufigsten:

- *Schläge mit der Innenseite des Handschuhs* (Innenhand), dem *offenen Handschuh*, der *Handfläche*, dem *Handgelenk* oder der *Handkante*; das heißt, Schläge, die nicht mit der Knöchelpartie des geschlossenen Handschuhs angebracht werden. Sie können, besonders mit der Verschnürung, Verletzungen herbeiführen. Diese Art von Schlägen wird im Profibereich nicht konsequent geahndet.
- *Schläge mit der Handwurzel.* Sie sollen den Gegner mit gestrecktem Arm auf Distanz halten, ohne zu schlagen. Sie können mit der Innenseite des Handschuhs ebenfalls zu Verletzungen führen.
- *Ellenbogen- oder Unterarmschläge.* Der Ellenbogen und der Unterarm dienen der Deckung und der Abwehr von Schlägen, aber sie dürfen nicht zum Schlagen benutzt werden.
- *Rückhandschläge* (Backhander), *Rückzieher* oder *Aufreißer,* weil sie nicht mit der vorgesehenen Fläche treffen.
- *Drücken* mit Arm oder Ellenbogen ins Gesicht oder Zurückdrücken des Kopfes über die Seile.
- *Tiefschläge,* also Schläge unter die Gürtellinie. Werden die Treffer absichtlich zu tief gesetzt, gehören sie zu den schweren

Fouls und können zur Kampfunfähigkeit des Getroffenen und zur sofortigen Disqualifikation des schlagenden Boxers führen. Ist ein Schlag auf den Körper des Gegners gerichtet, der nach unten abgewehrt wird und unterhalb der Gürtellinie landet, so ist das die Schuld des getroffenen Boxers und führt nicht zu einer Bestrafung. Hier gilt im Profiboxen eine Sonderregelung: Bei Tiefschlag kann der Ringrichter bis zu fünf Minuten Pause für den Getroffenen einräumen. Solange die Pause anhält, kann er durch den Sekundanten behandelt werden. Währenddessen hat der Gegner in einer neutralen Ecke zu verbleiben. Kann der Getroffene den Kampf nach Ablauf der Pause weiterboxen, erhält der Gegner eine Verwarnung. Erklärt er sich dagegen nicht mehr für kampffähig, verliert er den Kampf durch K.o. (§ 56.1. des Regelwerks des BDB).

Tiefschläge

Nackenschläge

Nierenschläge

Handwurzelschläge

Ellenbogenschläge

Innenhandschläge

Kopfstöße

Abducken

Schläge nach Break oder Stop

Typische Fouls im Ring

- *Nackenschläge.* Sie kommen dadurch zustande, daß ein Boxer durch Seitschritt ausweicht oder sich regelwidrig bewegt. Häufig landen Haken im Nacken des Gegners und sind schmerzhafte Treffer am Hinterkopf und im Halswirbelbereich.
- *Nierenschläge.* Sie können ebenfalls durch Abdrehen des Gegners oder im unkontrollierten Nahkampf zustande kommen. Sie sind besonders gefährlich, weil sie die Nierengegend ungeschützt treffen und deshalb eine Langzeitwirkung haben können.
- *Schläge nach dem »Break«,* nach dem Kommando *»Stop«* oder nach dem *Gong* bedeuten ein *Nachschlagen,* denn das Kommando unterbricht die Kampfhandlungen. »Break« verlangt außerdem, vor Fortsetzung des Kampfes einen Schritt zurückzutreten. Außerdem nimmt der Kämpfer in den genannten Situationen oft automatisch die Hände nach unten und wird ohne Deckung getroffen. Diese Treffer können kampfentscheidend sein. Sie ziehen eine sofortige Disqualifikation des Nachschlagenden nach sich.
- *Halten* des Gegners, *Würgen* oder *Schleudern.* Diese Fouls kommen in verschiedenen Formen vor. So kann ein Boxer den Arm, Kopf, Körper oder die Schulter des Gegners halten oder ihn mit beiden Händen aus der Distanz schleudern. Außerdem ist es verboten, den Gegner mit einer Hand zu halten und mit der anderen zu schlagen oder in einen Schlag hineinzureißen.
- *Durchstecken des Arms unter dem Arm des Gegners, Festhalten* oder *Einklemmen* des gegnerischen Kopfes oder der Arme, Fouls, die häufig im Nahkampf vorkommen.
- *Schieben* und *Stoßen* des Gegners . Das sind auch charakteristische unerlaubte Handlungen im Nahkampf oder in der Nähe der Seile und in den Ecken.
- *Abducken* unter die Gürtellinie des Gegners ist ein Foul, das für kleine sich verteidigende Boxer typisch ist. Damit soll der Gegner oft auch zu verbotenen Schlägen in Nacken oder Nieren verleitet werden. Gefährlich ist ein aus dem Abducken resultierender Kopfstoß in den Magen des Gegners.
- *Kopfstöße.* Sie gehören zu den gefährlichsten Fouls im Ring, weil sie für beide Boxer eine hohe Verletzungsgefahr bedeuten. Sie geschehen durch zu tiefes Abducken im Vorwärtsgang, durch Vorwärtsgehen mit dem Kopf vor den Fäusten oder durch seitliche Bewegungen mit dem Kopf, besonders im Infight. Häufig nutzt ein Boxer den zu tiefen Kopf des Gegners, um sich aufzustützen oder um ihn weiter nach unten zu drücken, auch das ist zu rügen.
- *Auf die Füße des Gegners treten oder das Knie heben.* Dieses Foul tritt häufiger bei Boxern mit verschiedener Kampfstellung auf.

Es ist nämlich möglich, die Distanz zu verringern, indem man auf die Zehen des Gegners tritt, und dann ist dieser in seiner Bewegungsfreiheit eingeschränkt.

• Der *Schulterstoß* ist ein Foul durch ein Angehen mit der Schulter oder ein Auflaufenlassen auf die Schulter.

• Ein *Drehen um die eigene Achse* und das *Schlagen aus der Drehung heraus* muß vom Ringrichter unterbunden werden.

• *Angreifen nach Schwungholen aus den Ringseilen* oder *Festhalten an den Seilen* wird als unerlaubte Hilfe angesehen. Danach muß der Ringrichter unterbrechen.

• *Abdrehen* ist verboten, weil es den Rücken oder Nacken den Schlägen des Gegners aussetzt.

• *Sprechen* zum Ringrichter oder zum Gegner. Werden Grimassen oder Gesten gemacht, so kann verwarnt oder disqualifiziert werden. Will ein Boxer eine Auszeit, muß er sich mit einem Knie hinknien.

• Gebrauch von *Kaugummi* usw. während des Kampfes.

• *Passives Boxen* ohne Schlagabsicht. Dies muß der Ringrichter unterbinden und zum Kämpfen auffordern. Erreicht er das nicht, kann er ermahnen oder verwarnen.

• *Kampfverweigerung* durch anhaltende Doppeldeckung.

• *Hinausstecken des Kopfes durch die Ringseile* und *Zubodengehen ohne Schlag* (Vortäuschen eines Niederschlags). Dies führt im Profiboxen beim ersten Mal zur Verwarnung und beim zweiten Mal zur Disqualifikation.

• *Zuwenden des Gesichtes und der Vorderseite des Körpers zum eigenen Eckpolster* während der Rundenpausen. Der Boxer muß stets zur Mitte sehen, damit der Ringrichter das Geschehen in der Ecke beobachten kann.

• *Ausspucken des Mundschutzes.* Danach muß bei den Amateuren unterbrochen werden, bei den Profis kann bis zum Ende der Runde weitergeboxt werden. Wiederholtes Ausspucken kann zur Verwarnung führen.

• *Handschlag während des Kampfes,* z.B. als Entschuldigung.

• Als besonders unsportliches Verhalten gelten *Beschimpfungen, Anspucken* und *Beißen* des Gegners oder Angriffe auf den Ringrichter. Sie sind ebenfalls mit einer sofortigen Disqualifikation und darüber hinaus mit disziplinarischen Maßnahmen zu bestrafen.

• Der Versuch, *einen zu Boden gegangenen Boxer noch anzugreifen oder zu schlagen,* gilt ebenfalls als besonders unfair und führt zur Disqualifikation des angreifenden Boxers.

Alters-, Leistungs- und Gewichtsklassen

Wegen der besonderen Härte eines Boxkampfes gibt es genaue Bestimmungen, wer gegen wen kämpfen darf, um die Gesundheit der Boxer optimal zu schützen. Die Boxer werden deshalb in Alters-, Leistungs- und Gewichtsklassen eingeteilt.

Altersklassen in Deutschland

Bei den *Amateuren* gibt es die Altersklassen Jugend C, Jugend B, Jugend A, Junioren und Senioren. Stichtag für die Zuordnung eines Boxers zu einer Altersklasse ist jeweils das Kalenderjahr (der 31. Dezember des Vorjahres).

Jugend C sind Kämpfer, die das zehnte Lebensjahr überschritten, aber am Stichtag das zwölfte noch nicht vollendet haben. In der Jugend C dürfen nur Boxer benachbarter Jahrgänge gegeneinander boxen. Wettkämpfe dürfen generell ab dem zehnten Lebensjahr bestritten werden.

Jugend B sind Kämpfer, die am Stichtag das zwölfte Lebensjahr überschritten, aber das 14. Lebensjahr noch nicht vollendet haben.

Jugend A sind Kämpfer, die am Stichtag das 14. Lebensjahr überschritten, aber das 16. Lebensjahr noch nicht vollendet haben.

Junioren sind Kämpfer, die am Stichtag das 16. Lebensjahr überschritten, aber das 18. Lebensjahr noch nicht vollendet haben.

Senioren sind Kämpfer, die am Stichtag das 18. Lebensjahr überschritten haben.

Die Altersklasse ist im Startausweis zu vermerken. Diese Regelung gilt für Einzelmeisterschaften. Bei allen anderen Kämpfen der Jugendklassen gilt, daß benachbarte Jahrgänge gegeneinander boxen dürfen. Darüber hinaus dürfen Junioren, die dem letzten Jahrgang ihrer Altersklasse angehören, gegen Senioren starten, die dem ersten Jahrgang dieser Altersklasse angehören, ohne dabei Startberechtigung bei den Junioren zu verlieren. Die Rundendauer richtet sich dann nach den Bestimmungen für die jüngere Altersklasse. Junioren dürfen nur in der Seniorenklasse starten, wenn sie

am Stichtag das 17. Lebensjahr vollendet haben. Amateurkämpfe dürfen mit Auflagen maximal bis zum vollendeten 37. (international 34.) Lebensjahr bestritten werden.
Kämpfe bei den *Profis* sind erst mit vollendetem 16. Lebensjahr erlaubt. Bis zum vollendeten 18. Lebensjahr dürfen sie nur über vier Runden zu je drei Minuten gehen. Der jüngste deutsche Profi war der 16jährige Berliner Michel Trabant, der am 11. Mai 1978 geboren wurde und am 12. Februar 1995 gegen den Belgier Marc Piette in Hamburg sein Debüt gab. Eine Altersbegrenzung nach oben gibt es bei den Profis nicht.

Leistungsklassen

Ein Kämpfer, der bei den *Amateuren* seinen ersten Kampf bestreitet, ist ein Erstling. Hat ein Kämpfer weniger als sieben Siege errungen, zählt er zu den Anfängern. Mit dem siebten Sieg wird der Kämpfer als Fortgeschrittener eingestuft. Dann ist er als Senior bereits für die Oberliga startberechtigt. Für einen Einsatz in der Bundesliga sind 14 Siege nötig. Ein Fortgeschrittener kann an allen Meisterschaften und Turnieren teilnehmen. Kämpfer, die auch Kickboxen betreiben, werden als Fortgeschrittene eingestuft. Mit einer höheren Zahl von Siegen werden die Boxer in die Leistungsgruppen der Landesverbände oder in Kadergruppen des DABV aufgenommen.
Profis boxen als Anfänger unabhängig vom Alter über die Distanz von vier Runden zu je drei Minuten. Nach ihren ersten Kämpfen gibt es eine Steigerung auf sechs Runden. Acht Runden sind für Fortgeschrittene Pflicht. BDB-Meistertitel werden über zehn Runden ausgeboxt. Europa- und Weltmeisterschaften sowie Kämpfe um die Intercontinental-Titel werden über zwölf Runden ausgeschrieben. Bis 1988 wurden WM-Kämpfe noch über 15 Runden ausgetragen. Die Reduzierung der Rundenzahl erfolgte aus Gründen des Gesundheitsschutzes.

Gewichtsklassen

Der Olympiastart der Amateurboxer erfolgte 1904 in sieben Gewichtsklassen, wobei die Limits noch nach englischen Gewichten berechnet wurden und über die Jahre hinweg einige Veränderungen erfuhren.
Beispielsweise ging das Leichtgewicht damals bis 61,236 kg, 1908 ging es bis 63,5 kg, von 1920 bis 1936 bis 61,237 kg, bis 1948 bis 62 kg und seit 1952 bis 60 kg.

Heute gibt es im Amateurbereich für **Junioren** und **Senioren** zwölf Gewichtsklassen, von denen das Superschwergewicht 1979 zuletzt eingeführt wurde. Die aktuelle Gewichtsklasseneinteilung:

Halbfliegengewicht:	bis 48 kg	– seit 1968
Fliegengewicht:	bis 51 kg	– seit 1904
Bantamgewicht:	bis 54 kg	– seit 1904
Federgewicht:	bis 57 kg	– seit 1904
Leichtgewicht:	bis 60 kg	– seit 1904
Halbweltergewicht:	bis 63,5 kg	– seit 1951
Weltergewicht:	bis 67 kg	– seit 1904
Halbmittelgewicht:	bis 71 kg	– seit 1951
Mittelgewicht:	bis 75 kg	– seit 1904
Halbschwergewicht:	bis 81 kg	– seit 1920
Schwergewicht:	bis 91 kg	– seit 1904
Superschwergewicht:	über 91 kg	– seit 1979

Die Altersklassen **Jugend C** und **Jugend B** sind in folgende 20 Gewichtsklassen eingeteilt:

Papiergewicht:	bis 30 kg, bis 32 kg, bis 34 kg, bis 36 kg, bis 38 kg, bis 40 kg, bis 42 kg und bis 45 kg
Halbfliegengewicht:	bis 48 kg
Fliegengewicht:	bis 51 kg
Bantamgewicht:	bis 54 kg
Federgewicht:	bis 57 kg
Leichtgewicht:	bis 60 kg
Halbweltergewicht:	bis 63 kg
Weltergewicht:	bis 66 kg
Halbmittelgewicht:	bis 69 kg
Mittelgewicht:	bis 72 kg
Halbschwergewicht:	bis 75 kg,
Schwergewicht:	bis 81 kg
Superschwergewicht:	über 81 kg

In der **Jugend A** gibt es 14 Gewichtsklassen. Sie beginnen beim Papiergewicht bis 42 kg und bis 45 kg, danach stimmen sie vom Halbfliegen- bis Superschwergewicht mit denen der Jugend C und B überein. Die Gewichtsklassen der Jugend A entsprechen denen für Frauen.

Bei den **Profis** gab es zunächst nur das Schwergewicht, das bis heute den »Champion aller Klassen« krönt. 1856 wurde als zweite Klasse das Bantamgewicht eingeführt. Die heute gültigen 17 Gewichtsklassen der Weltverbände mit den Limits, die von den englischen Pounds (in Klammern) abgeleitet sind, und die Jahre ihrer Einführung:

Stroh-/ Minifliegengewicht:	47,627 kg (105)	– seit 1987
Halb-/ Juniorfliegengewicht:	48,988 kg (108)	– seit 1975
Fliegengewicht:	50,802 kg (112)	– seit 1912
Superfliegen-/ Juniorbantamgewicht:	52,163 kg (115)	– seit 1980
Bantamgewicht:	53,432 kg (118)	– seit 1856
Superbantam-/ Juniorfedergewicht:	55,338 kg (122)	– seit 1976
Federgewicht:	57,153 kg (126)	– seit 1889
Superfeder-/ Juniorleichtgewicht:	58,967 kg (130)	– seit 1921 zeitweise/ seit 1959 offiziell
Leichtgewicht:	61,235 kg (135)	– seit 1887
Superleicht-/Junior-/ Halbweltergewicht:	65,503 kg (140)	– seit 1922 zeitweise/ seit 1959 offiziell
Weltergewicht:	66,678 kg (147)	– seit 1888
Superwelter-/Junior-/ Halbmittelgewicht:	69,853 kg (154)	– seit 1962
Mittelgewicht:	72,203 kg (168)	– seit 1884
Supermittelgewicht:	76,203 kg (168)	– seit 1984
Halbschwergewicht:	79,386 kg (175)	– seit 1903
Cruiser-/ Leichtschwergewicht:	86,182 kg (190)	– seit 1979
Schwergewicht:	über 86,182 kg (über 190)	– seit 1892

In Europa werden unter der Regie der EBU und im BDB nur die 14 Klassen mit Fliegengewicht und ab Bantamgewicht aufwärts geführt.

Der Gesundheits-Check

Wesentlicher Bestandteil der Förderung des Boxsports im Amateur- und Profibereich ist es, die Gesundheit des Boxers optimal zu schützen und Unfallmöglichkeiten weitgehend auszuschließen. Alle vorgeschriebenen Untersuchungen vor dem Einstieg in den aktiven Boxsport haben prophylaktischen Charakter. Die wettkampfmäßige Ausübung des Boxsports verlangt gesunde Menschen. Die gesundheitliche Eignung zu prüfen und der Betreuung nachzukommen, ist oberstes Gebot für alle Verantwortlichen im Boxsport.

Aus den geltenden Vorschriften geht hervor, daß in keiner anderen Sportart ein Sportler häufiger untersucht oder medizinisch getestet wird als beim Boxen. Ohne Pflichtuntersuchungen, die grundsätzlich durch Fach- oder Vertrauensärzte vorgenommen werden müssen, ist kein Kampf möglich.
Hier wird nach medizinischen Anforderungsmerkmalen die physische, physiologische und psychische Eignung des Sportlers für das Boxen festgestellt und bescheinigt. Bei Kindern und Jugendlichen ist zusätzlich die Zustimmung der Eltern erforderlich.

Die Boxtauglichkeit von Kämpfern ist jährlich, im Amateurbereich beginnend mit dem 1. Dezember des Vorjahres bis zum 1. Februar des laufenden Jahres, ärztlich zu überprüfen und durch Unterschrift und Stempel im Startausweis zu bestätigen. Die Jahresuntersuchung darf nicht während einer Veranstaltung erfolgen. Alle weiteren Untersuchungen, insbesondere vor Wettkämpfen, dienen der ständigen Überwachung der Gesundheit des Kämpfers. Sie tragen vorbeugenden Charakter und sollen Veränderungen im Gesundheitszustand des Boxers rechtzeitig aufdecken.
Vor jedem Wettkampf untersucht ein verantwortlicher Arzt, der vom Veranstalter bestellt ist, die Kämpfer. Die Untersuchung bezieht sich auf die Kampftauglichkeit bezüglich aktueller Infektionen und Erkrankungen oder Verletzungen des Bewegungsapparates, insbesondere der Daumengelenke, Füße, Rippen oder Nierenlager. Der Arzt kann bei den Profis ein Untersuchungsprotokoll erstellen und vom Boxer gegenzeichnen lassen, daß er am Wettkampftag keine gesundheitlichen Probleme hat. Er kann aber auch auf Grund der Untersuchungergebnisse, beispielsweise bei Fieber,

eine Wettkampfsperre aussprechen. Falls vom Arzt Verstöße gegen die Wettkampfbestimmungen, z.B. ungleiche Paarungen in Gewichts- und Altersklassen, Anfänger gegen Fortgeschrittene oder ähnliches, festgestellt werden, sollte er seine medizinischen Bedenken dem jeweils Verantwortlichen für die Veranstaltung vortragen.
Während des Wettkampfes kann der Arzt beim Amateurboxen den Abbruch im Falle der Gefahr für die Gesundheit eines Kämpfers fordern. Außerdem kann er bis zu einer Minute pro Runde Behandlungen vornehmen. Der Arzt sollte ständigen Kontakt zum Ringrichter bzw. bei den Amateuren zur Jury haben. Sind während des Kampfes gravierende Verletzungen eingetreten, so hat der Arzt die medizinische Versorgung vorzunehmen, zu veranlassen beziehungsweise zu kontrollieren. Bei K.-o.-Entscheidungen sind die notwendigen Sperren zu veranlassen, die entsprechenden Meldungen zu machen und die Aufforderung zu den Pflichtuntersuchungen auszusprechen.

Im Profiboxen steht vor der Lizenzierung eine **Erstuntersuchung**. Hier wird der Aspirant von einem Facharzt auf körperliche Schäden, Funktionsfähigkeit der Gelenke und neurologische Symptome untersucht. Eine Blutuntersuchung, ein Belastungs-EKG und eine Computertomographie des Schädels sind ebenfalls obligatorisch. Nur wenn die Tests bestanden sind, wird die Lizenz erteilt und damit die Zulassung zu Probekämpfen.

Wurden die Tests zur Erstuntersuchung ohne medizinische Beanstandung absolviert, durchläuft der Neuprofi das komplexe System der **Routine-Checks**. Diese Untersuchungen werden von einem Hauptvertrauensarzt vorgenommen, der für die gesundheitliche Obhut der Boxer verantwortlich ist. Er ist Hauptträger der Gesundheitsvor- und -fürsorge und muß in Deutschland Mitglied des BDB sein. Der Vorstand ernennt auf Vorschlag der Vertrauensärzte den Hauptvertrauensarzt, der die ärztlichen Belange im Vorstand vertritt. Der Hauptvertrauensarzt muß vor allen Entscheidungen, bei denen die Gesundheit der Boxer im weitesten Sinne eine Rolle spielt, gehört werden. Für den Gesundheitsschutz der Boxer werden Richtlinien erstellt, für deren Einhaltung die Vertrauensärzte zuständig sind.
Alle Boxer und Ringrichter haben sich einmal im Jahr, und zwar innerhalb eines Monats vor jeder Lizenzierung, einer **gründlichen**

Untersuchung durch einen Arzt mit BDB-Lizenz oder durch einen Facharzt für Sportmedizin zu unterziehen. Das Ergebnis wird auf einem Formblatt festgehalten und ist dem BDB vorzulegen. Der Boxer oder Ringrichter entbindet den Arzt insoweit von der ärztlichen Schweigepflicht. Die Ergebnisse der Untersuchungen sind in die persönlichen Dokumente einzutragen.

Das Ergebnis der **Untersuchung vor dem Wiegen** für einen Wettkampf mit dem Test von Puls, Atmung, Pupillenreaktion usw. ist schriftlich zu bestätigen, eine Entscheidung über eine Kampfunfähigkeit ist zu begründen. Zu jeder Veranstaltung sind möglichst zwei Vertrauensärzte hinzuzuziehen. Der Ringrichter muß den Kampf abbrechen, wenn ein Vertrauensarzt feststellt, daß schwere Gesundheitsschäden für einen Boxer bestehen oder möglich sind. Der Ringrichter kann den Vertrauensarzt zur Beurteilung einer Verletzung oder der Folge eines regelwidrigen Schlages auffordern. Nach Schluß des letzten Kampfes muß durch einen Vertrauensarzt festgestellt werden, ob einer der Boxer noch ärztlicher Hilfe bedarf.

Für **Schutzsperren** nach K.o. oder Niederlagen durch Kopftreffer gelten feste Vorschriften. Nach Ablauf der Sperren sind ärztliche Untersuchungen zur Wiedererteilung der Kampffähigkeit zwingend vorgeschrieben.

Boxen und Doping

Doping ist der Versuch der Leistungssteigerung durch Einnahme, Injektion oder Verabreichung von Substanzen verbotener Wirkstoffgruppen oder durch Anwendung verbotener Methoden wie Blutdoping. Die Liste der verbotenen Wirkstoffgruppen umfaßt Methadon, Morphine, Meperidine, Propoxyphene, Quinine, Barbiturate, Gluterhimide, Clorpromazine, Codeine, Cocaine, D-Amphetamine, Marijuana, Teetrahydrocannabinol, Anabole Steroide und Pain Killers. Die Regelungen gelten übergreifend für den gesamten Sport. Die Anwendung der Substanzen und Methoden ist vor und während des Wettkampfes und auch außerhalb von Wettkämpfen verboten und wird durch Wettkampfkontrollen überprüft.

Doping ist nachgewiesen durch Feststellung der Substanzen in Urin oder Blut des Kämpfers oder bei Verweigerung der Abnahme

Doping-Proben

der Probe, bei Vereitelung oder sonstiger Manipulation einer Dopingkontrolle innerhalb oder außerhalb des Wettkampfes.
Des Dopings überführte Sportler erhalten bei den Amateuren Sperren für nationale und internationale Kämpfe, sie können bis zu zwei Jahren dauern, im Wiederholungsfall lebenslänglich. Im Profiboxen gibt es unterschiedliche, wesentlich mildere Verfahrensweisen. Zum Beispiel wurde in der jüngsten Geschichte dem Südafrikaner François Botha, der beim Kampf um den vakanten Schwergewichtstitel der IBF in Stuttgart gegen den Frankfurter Axel Schulz des Dopings überführt wurde, lediglich der Titel wieder abgesprochen und eine Geldstrafe verfügt.
Aufputschende Stimulanzen verursachen meist nur eine zusätzliche physische Wirkung, das »Wegstecken« einer übermäßigen Zahl von Schlägen birgt die Gefahr bleibender gesundheitlicher Schäden. Unter der Einwirkung von Dopingmitteln starb trotz einer Gehirnoperation der deutsche Profiboxer Jupp Elze am 20. Juni 1968 in Köln an den Folgen von Kopfverletzungen aus dem EM-Kampf gegen den Italiener Carlos Duran.

Der Dopingtest: Heute ist jeder Boxer verpflichtet, wenn er dazu aufgefordert wird, sich nach dem Kampf einem Urintest zu unterziehen. Eine Probe muß im Beisein des Ringarztes und einem Verantwortlichen des Verbandes entnommen werden. Die Probe muß in einem Plastikbehälter mit dem Namen des Boxers (oder mit einer Schlüsselzahl) und dem Namen des Ringarztes klar markiert werden. Die Probe muß in zwei Partien mit Nummer eins und Nummer zwei versehen sein, wobei Nummer zwei zum Labor eingereicht wird. Sollte eine Probe positiv sein, müssen alle Beteiligten benachrichtigt werden und ein erneuter Test durch ein von dem betroffenen Boxer und der lokalen Kommission designiertes Labor mit der zweiten Probe durchgeführt werden. Sollte auch diese positiv sein, gilt der Boxer als des Dopings überführt, und die im Verband festgelegten Maßnahmen werden durchgeführt.

Die Männer am Ring

Boxveranstaltungen und die einzelnen Kämpfe erfordern eine straffe Organisation. Für die Durchführung sorgen der Technische Leiter oder Veranstalter, der Delegierte, das Kampfgericht mit Ring- und Punktrichtern, der Sprecher, zwei Zeitnehmer und ein Protokollant sowie ein oder zwei Ärzte. Die Sportler werden in der Regel von zwei Sekundanten betreut – im Profiboxen von einem Chefsekundanten und zwei Helfern. Bei den Profikämpfen ist einer davon meist ein besonders qualifizierter Helfer, der sogenannte »Cutman«, der für die Behandlung von Verletzungen, vor allem blutender Wunden, zuständig ist.

Der Coach

Der Trainer oder Coach ist die wichtigste Bezugsperson für einen Boxer während des Kampfes. Er hat die Vorbereitungen auf den Kampf geleitet und organisiert. Er weiß über den geistigen (nervlichen) und körperlichen (physischen) Zustand seines Schützlings am besten Bescheid. Der Trainer hat seinen Boxer taktisch auf den Gegner eingestellt und betreut ihn in den Rundenpausen. Dabei hat er die Möglichkeit, ihn zu beraten und ihm Anweisungen zu geben. Der Trainer muß auf das Kommando »Ring frei« den Ringaufbau räumen und darf den Ring erst wieder betreten, wenn der Gong die Runde beendet. Mit Ausnahme des Ringrichters und der Kämpfer darf sich während der Kampfrunden in der Regel niemand im Ring oder auf dem Aufbau aufhalten. Der Trainer muß in sportlicher Kleidung erscheinen. Normalerweise ist es ihm verboten, während des Kampfes zu »coachen«, das heißt, auf irgendeine Weise Anweisungen in den Ring zu geben.
Verstöße der Sekundanten können bestraft werden, indem sie des Ringes oder aus der Halle verwiesen werden. In schweren Fällen kann auch der Boxer dafür bestraft werden, weil er für das Verhal-

Der Coach gibt seinem Schützling wichtige Anweisungen

ten seiner Sekundanten mit verantwortlich ist. Im Profiboxen ist der Chefsekundant im Protokoll festgehalten. Er ist der Ansprechpartner für alle organisatorischen und Regelfragen.
Ein Trainer kann generell auch einen Schwamm oder ein Handtuch zum Zeichen der Aufgabe für seinen Kämpfer in den Ring werfen, wenn er eine zu starke Überlegenheit des gegnerischen Boxers erkennt. Während der Dauer eines Niederschlages ist dies allerdings verboten. Trainer müssen im Amateurbereich im Besitz entsprechender Lizenzen für das Ausüben des Amtes nach vorheriger Ausbildung sein. Ehemalige Trainer von Berufsboxern und ehemalige Berufsboxer können Trainerlizenzen im Amateurbereich erwerben, die zum Sekundieren berechtigen. Trainer im Amateurbereich dürfen aber nicht zugleich im Profiboxen tätig sein. Bei kleineren Veranstaltungen, vor allem im Amateurbereich, sind die Trainer/Sekundanten auch für die Zusammenstellung der Kampfpaarungen verantwortlich.

Der Cutman

Der Cutman als dritter Mann in der Ecke eines Profiboxers übernimmt die Rolle eines Notarztes. Er sorgt dafür, daß unvermeidliche Blessuren nicht zum Kampfabbruch führen. Mit Eisbeutel und Metallbügel drängt er Schwellungen im Gesicht zurück, mit Schwämmchen, Q-Tips und Wundcremes versucht er, Blutungen, etwa bei Cuts (= Platzwunden, die am häufigsten an den Augenbrauen auftreten) zu stillen. Die Konzentration der verwendeten Cremes – meist Adrenalin, Avetine oder Thrombin – ist streng limitiert. Beispielsweise darf Adrenalin nur in einer Konzentration von 1:1000 verabreicht werden. Darüber hinaus verfügt jeder Cutman noch über eigene Tricks und Mittel, mit denen er besonders hilfreich eingreifen kann. Die Arbeit des Cutmans zählte früher im Profiboxen zu den Aufgaben des Trainers und gehört heute noch im Amateurbereich zu den Aufgaben des Coachs.
Ein nicht zu stillender Cut kann kampfentscheidend sein und im schlimmsten Fall sogar einen WM-Titel kosten, weil der verletzungsbedingte Abbruch nach einer bestimmten Rundenzahl – entsprechend den Statuten der Verbände verschieden – zuungunsten des verletzten Boxers erfolgt. Die besten Cutmans sind heute hochbezahlte Spezialisten und haben in der Szene einen guten Namen. Für Henry Maske ist der über 60 Jahre alte Trainer, Manager und Box-Enthusiast Dennie Mancini aus London der Mann ge-

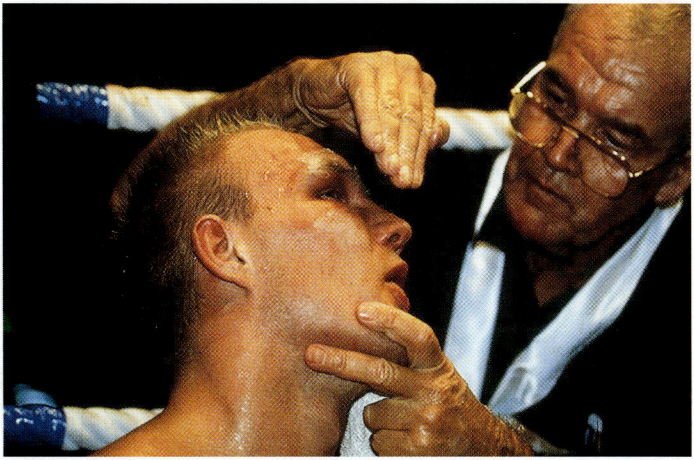

Axel Schulz wird vom Cutman behandelt

wesen, der alle Probleme zuverlässig und mit Sachverstand gemeistert hat, so daß dem Frankfurter eine verletzungsbedingte Niederlage erspart blieb, wenngleich auch er in seiner Erfolgskarriere so manche Blessur abbekam.

Die Punktrichter

Das Kampfgericht besteht aus einem Ringrichter und im Amateurboxen aus drei oder fünf Punktrichtern. Im Profiboxen gibt es drei Punktrichter, einer davon kann der Ringrichter sein. Die Punktrichter haben unparteiisch zu sein und müssen das Kampfgeschehen nach bestem Wissen und Gewissen entsprechend den vorgegebenen Regeln bewerten und nur Treffer anerkennen, die mit der dafür vorgesehenen Trefferfläche des Handschuhs angebracht werden. Während des Kampfes ist den Punktrichtern jede Unterhaltung untersagt, sie dürfen sich auch untereinander keine Zeichen geben. Sie haben darauf zu achten, daß niemand an ihren Tischen Platz nimmt oder sie bei der Arbeit durch Einschränken des Blickfeldes behindert. Die Entscheidungen der Punktrichter können öffentlich bekanntgegeben werden, allerdings dürfen nur die dafür vorgesehenen Personen Einsicht in die Punkttabellen nehmen. Die Punktrichtertätigkeit kann sowohl von Männern als auch von Frauen ausgeübt werden. Entscheidend ist, daß sie

Der Punktrichter an seinem Arbeitsplatz

Mit dem Box-Pointer registriert der Punktrichter die Treffer

durch entsprechende Examen die dafür notwendige Qualifikation erworben haben. Ring- und Punktrichter dürfen nicht zugleich im Amateur- und Profiboxen tätig sein.

Die Punktewertung im Amateurboxen

Der Sieger einer Runde bekommt 20 Zähler. Der Verlierer entsprechend weniger. Dabei werden die Treffer gewertet. Ein Treffer bedeutet einen Hilfspunkt, drei Hilfspunkte einen Punkt. Entscheidend für die Wertung ist die Differenz der Punkte, wobei dem Verlierer der Runde die entsprechende Zahl abgezogen wird. Bei einer Differenz von drei bzw. sechs Hilfspunkten bedeutet das einen bzw. zwei Punkte, so daß die Runde dann 20:19 oder 20:18 ausgeht. Eine Verwarnung bedeutet einen zusätzlichen Punktabzug, wobei der Punktrichter die vom Ringrichter ausgesprochene Verwarnung nicht anerkennen muß, aber selbst verwarnen und einen entsprechenden Punkteabzug vornehmen kann. Außerdem kann der Punktrichter Hilfspunkte für gutes technisch-taktisches Verhalten gutschreiben. Seit 1986 gibt es den Pointer, die Computerwertung. Dabei werden nur Treffer gezählt. Ein Treffer geht dann in die Wertung, wenn mindestens drei der fünf Punktrichter einen Treffer innerhalb einer Sekunde erkennen und eingeben. Eine Verwarnung bedeutet zwei Trefferpunkte Abzug. Im Unterschied zur herkömmlichen Wertung, wo es nach drei Kampfrunden Urteile wie 60:56 oder 59:58, wenn ein Boxer zwei und einer eine Runde gewonnen hatte, gab, werden jetzt die Trefferzahlen als Punkturteil verwendet, zum Beispiel 16:9 oder 12:3 usw.

Die Punktewertung im Profiboxen
Im Profiboxen vergeben die Punktrichter ebenfalls nach jeder Runde Punkte, zehn für den Sieger, neun für den Verlierer. Bei einer Verwarnung wird einem Boxer ein weiterer Punkt abgezogen, nach einem Anzählen kann ebenfalls ein zusätzlicher Punkt abgezogen werden, so daß Runden 10:9 oder 10:8 für den Gewinner enden. Zwischenstände werden nicht bekanntgegeben. Bei Meisterschaftskämpfen werden die Punktzettel nach jeder Runde eingesammelt und dem Delegierten übergeben, der dann das Urteil ermittelt. Punktsieger ist derjenige, der nach der letzten Runde bei mindestens zwei Richtern die Punktmehrzahl erreicht hat.

Der Ring-Announcer

Der Sprecher am Ring oder Announcer wird vom Veranstalter gestellt. Er gibt in seinem Auftrag den Zuschauern die zu den Kämpfen notwendigen Informationen. Dazu gehört vor allem das Vorstellen der Kämpfer, des Ringrichters und der Punktrichter, des Ringarztes, die Bekanntgabe des Rundenbeginns mit dem Kommando »Ring frei«, die Bekanntgabe von Verwarnungen für Kämpfer und das Urteil des Kampfes. Sonstige Nachrichten oder Ankündigungen dürfen nur mit Genehmigung des Delegierten oder des Technischen Leisters bekanntgegeben werden.
Im Profiboxen hat der Sprecher darüber hinaus die Aufgabe, die Bedingungen des Kampfes bekanntzugeben, das heißt gegebenenfalls, um welchen Titel gekämpft wird und die vorgesehene Rundendistanz. Die Präsentation erfolgt nicht vom Kampfrichtertisch aus, sondern im Ring.
Während diese Aufgabe im Amateurbereich nicht von großer Bedeutung ist, aber ihre Bewältigung dem Niveau der Veranstaltung angemessen sein muß, hat sie im Profibereich zusammenhängend mit der Präsentation von Boxveranstaltungen als Fernsehevents an Bedeutung zugenommen und den Sprecher in den Rang eines Announcers für den Kampf gehoben. Lange Zeit wurde die Aufgabe von renommierten Sportmoderatoren auf dem Gebiet des Boxsports übernommen. Zu den bekanntesten gehörte der TV-Moderator Herbert Kranz aus Dietzenbach. Der heute berühmteste deutsche Announcer ist Gerhard Müller aus Hamburg. Er hat bisher bei rund 70 Veranstaltungen der Hamburger UNIVERSUM Box-Promotion alle von Manager Klaus-Peter Kohl veranstalteten Weltmeisterschaftskämpfe präsentiert.

Ringsprecher Michael Buffer

Als »Stimme des Boxens« ist der in Los Angeles lebende amerikanische Schauspieler Michael Buffer weltweit bekannt geworden. 1982 faßte er den Entschluß, künftig Boxkämpfe anzusagen. Er bewarb sich bei verschiedenen Veranstaltern, gab sein Debüt am 5. Februar 1983 in Atlantic City und hatte gleich einen Riesenerfolg. Den ersten WM-Kampf zwischen Roberto Duran und Davey Moore kündigte er am 16. Juni 1983 im New Yorker Madison Square Garden an. Nach Auftritten in Japan wurde er auch in Deutschland durch die Präsentation der von RTL zusammen mit der Sauerland-Promotion veranstalteten WM-Kämpfe von Henry Maske, Axel Schulz und Torsten May bekannt. Das Motto, mit dem er den Kampf freigibt : »Let's get ready to rumble« hat er als sein spezielles Markenzeichen urheberrechtlich schützen lassen.

Es bedeutet soviel wie »Laßt uns nun kämpfen, jetzt soll es losgehen«. In jüngster Zeit ist Buffer auch in anderen Sportarten gefragt. In Deutschland rauschte er mit einem neuen Projekt, seiner ersten Single »K.o. featuring Michael Buffer« mit typischen Szenen aus seinen Präsentationen und moderner Musik durch die Hitparaden und wurde zum beliebten Showstar im Fernsehen.

Weitere Offizielle am Ring

Die weiteren Offiziellen am Ring haben spezielle Aufgaben, die in den Wettkampfbestimmungen festgehalten sind und die sie im Auftrag des Veranstalters wahrzunehmen haben.
Zeitnehmer überwachen die zeitliche Einteilung des Kampfes mit Hilfe zweier Stoppuhren, wobei die Zeit bei Kampfunterbrechungen angehalten wird, und zeigen die Kampfeinteilung mit Rundenbeginn und Rundenende durch einen Gongschlag an. Der Zeitnehmer nimmt die Zeit am Anfang der Runde für deren Dauer und am Anfang der einminütigen Pause bis zu deren Ende. Zehn Sekunden vor Rundenbeginn gibt er das Kommando »Ring frei«. Zählt der Ringrichter einen Boxer an, so hat der Zeitnehmer den Ablauf der einzelnen Sekunden durch Klopfzeichen bekanntzugeben.
Der **Protokollführer** sollte ein schreibgewandter Funktionär sein, der alle Veranstaltungsvorkommnisse und die Kampfergebnisse notiert. Er muß Verwarnungen vermerken und mögliche Protestzeiten eintragen. Das Veranstaltungsprotokoll soll in einer genauen, umfassenden Statistik alle Seiten des Wettkampfes und der Veranstaltung widerspiegeln.
Außerdem gibt es bei Profiveranstaltungen noch einen **Berufungsausschuß**, bei Amateurveranstaltungen eine **Jury**.

Die Zeitnehmer überwachen die Kampfzeiten mit Stoppuhren

Wettkampf-boxen

Das Boxen in Wettkämpfen ist das höchste Ziel jedes Kämpfers. Dabei ist er bemüht, sich mit seinen Siegen für immer höhere Aufgaben zu empfehlen. Im nationalen Rahmen sind die Meistertitel die höchsten Ehren, die es zu erreichen gibt. Für Amateure ist über die Berufung in die Nationalmannschaft der Start bei Olympischen Spielen und Weltmeisterschaften das höchste Ziel. Im Profiboxen krönen Kämpfe um die Weltmeisterschaft jede Karriere. Der Weg dorthin führt über die Aufnahme in die Ranglisten der Weltverbände.

Die Ranglisten

Im Amateur- und Profiboxen gibt es Ranglisten, die die Boxer nach ihrer vermeintlichen Kampfstärke ordnen. Während diese Ranglisten im Amateurbereich dem einzelnen Sportler keine nennenswerten Vorteile bringen, sind sie im Profiboxen Grundlage für die Zulassung zu Titelkämpfen.

Der Deutsche Amateur-Box-Verband führt Computer-Ranglisten in den einzelnen Gewichtsklassen und eine absolute Rangliste der Top 50. Der Boxer mit der höchsten Punktzahl in dieser Rangliste am Jahresende ist »Boxer des Jahres«. In den Jahren 1994 und 1995 war das jeweils der Berliner Oktay Urkal. Für die Errechnung der Rangliste werden alle ausgetragenen Kämpfe über den Zeitraum eines Jahres berücksichtigt und bei einem Sieg mit einem bestimmten Punktbonus honoriert. Die Rangliste wird ständig aktualisiert.

Der Weltverband AIBA gibt internationale Ranglisten heraus. Dafür kommen bestimmte festgelegte Punktgutschriften für die Teilnahme und Erfolge bei Weltranglistenturnieren, kontinentalen und Weltmeisterschaften, Challenge Matches und Olympiaturnieren zur Anrechnung. Die aktuellen Weltranglisten werden in der

Regel zum Stichtag 30. Juni und 31. Dezember des Jahres veröffentlicht.
Im Profiboxen gibt es auf der Ebene der EBU und der Weltverbände offizielle Ranglisten, die in der Regel monatlich veröffentlicht werden. Darin sind die Titelträger nicht berücksichtigt. Die Ratings werden von Ranglistenkommissionen aufgestellt, basieren aber auf subjektiven Einschätzungen unter Berücksichtigung der Kampfrekorde sowie der Qualität der bisherigen Gegner und sind den Interessen der Verbände für die Verfügbarkeit über bestimmte Kämpfer für Titelkämpfe teilweise untergeordnet. Das beste Beispiel war der Amerikaner Mike Tyson, der nach Verbüßung seiner Haftstrafe auf Grund seines Namens sofort in Spitzenpositionen der Verbände einrangiert wurde. Der Ranglistenerste hat das Recht auf eine vom Verband angesetzte Herausforderung zur Pflichttitelverteidigung.
In allen Ländern, in denen das Profiboxen bedeutend ist, gibt es Bestrebungen, von den Verbänden unabhängige Ranglisten zu erstellen. In den USA und in England gibt es sogenannte »absolute Ratings«. Die bekanntesten unabhängigen Ranglisten findet der Boxfan in den USA in den »Budweiser Ratings«, im US-Magazin »Boxing Illustrated« oder in den »Independent World Boxing Ratings«, die in England erscheint. Auch die deutsche Fachzeitschrift BoxSport veröffentlicht regelmäßig von den Verbänden unabhängige Ranglisten.

Turnierformen der Amateure

Im Amateurboxen werden alle wichtigen Championate in Turnierform entschieden. Die Kampfpaarungen entstehen aus der vor Beginn des Wettbewerbs vorgenommenen Auslosung, wobei der Sieger eine Runde weiterkommt und der Verlierer ausscheidet. Die Titelträger sind jeweils die Sieger in den Finalkämpfen.

- Auf der untersten Ebene gibt es **Meisterschaften der Landesverbände**. Sind in einer Gewichtsklasse mehr als zwei Boxer gemeldet, werden die Paarungen ausgelost.
- Die **Deutschen Einzelmeister** werden nach der Ausschreibung des Deutschen Amateur-Box-Verbandes in Turnierform ermittelt. Dafür sind im Prinzip international erfolgreiche Boxer ohne vor-

Amateur-WM 1995 in Berlin: Patton (Kanada) u. Costa (Portugal, re.)

herige Qualifikation zugelassen, dazu kommen Boxer, die sich in Regionalausscheidungen der Landesmeister durchsetzen. Das Teilnehmerfeld des Meisterschaftsturniers umfaßt in den zwölf Gewichtsklassen im Durchschnitt insgesamt knapp 100 Boxer.

• Für **kontinentale Meisterschaften** und **Weltmeisterschaften** kann jeder Landesverband einen Boxer pro Gewichtsklasse stellen. Auch hier werden die Kampfpaarungen vor Beginn ausgelost und das Turnier im K.-o.-System durchgeführt. Eine Beschränkung der Teilnehmerzahlen gibt es nicht.

• Für die Boxturniere bei **Olympischen Spielen** gibt es seit 1992 eine Teilnehmerbeschränkung auf 364 Boxer. Sie werden nach einem Schlüssel für die einzelnen Kontinente bei offiziellen Qualifikationsturnieren ermittelt. Auch vor Beginn eines Olympiaturniers wird ausgelost. Bestrebungen, die besten Boxer auf der Grundlage der internationalen Ranglisten zu setzen, fanden bisher in den zuständigen Gremien weltweit keine Mehrheit.

- Außerdem führt die AIBA bestens besetzte Wettbewerbe, vor allem **Weltranglistenturniere** und **Challenge Matches** als Herausforderungskämpfe für Weltmeister und Olympiasieger gegen von der Föderation offiziell nominierte Boxer, durch. Außerdem gab es bis 1994 noch Weltcupturniere nach dem System von Weltmeisterschaften, allerdings schon mit der Kampfdistanz von fünf Runden zu je zwei Minuten. Ab 1997 soll hier das schon früher angewandte Kontinentalprinzip wieder eingeführt werden. Danach nehmen zehn Auswahlstaffeln der Kontinente, davon zwei für Europa und eine des Gastgeberlandes, an dem Turnier teil.
- Ebenso gibt es bei den Amateuren im nationalen Rahmen eine **Mannschaftsmeisterschaft**. Letzter Deutscher Mannschaftsmeister war 1996 der Boxring Berlin, Rekordtitelträger ist bislang der Schweriner SC.

Profiboxen und der Kampf ums Geld

Jeder lizenzierte Profiboxer darf sich in Deutschland und in Europa nur einem lizensierten **Manager** anvertrauen, mit dem er einen Managervertrag schließen muß. In den USA unterscheidet man

Henry Maske im Gespräch mit Wilfried Sauerland

zwischen einem Manager und einem Promoter, der als wesentliche Aufgabe die Veranstaltung von Boxkämpfen hat. In Deutschland liegen diese Aufgaben meist in einer Hand, und deshalb wird in den folgenden Ausführungen im Prinzip vom Manager gesprochen, der die Aufgaben weitestgehend komplett wahrnimmt. Dennoch hat beispielsweise Manager Wilfried Sauerland die Sauerland-Promotion und greift Manager Klaus-Peter Kohl zum Zwecke der Durchführung von Veranstaltungen auf (seine) UNIVERSUM Box-Promotion zurück.

Für einen Kampf muß der Profiboxer, gegebenenfalls der Manager, mit einem lizenzierten Veranstalter einen **Kampfvertrag** abschließen. Er beinhaltet den Namen des Gegners, die Rundenzahl, die Gewichtsklasse, die Gage, den Kampfort und das Kampfdatum. Profikämpfe werden nicht in Turnierform ausgetragen, sondern wegen der langen Kampfdistanz als Einzelkämpfe. Zwischen zwei Kämpfen eines Boxers müssen laut BDB-Vorschrift mindestens drei kampffreie Tage liegen.

Wer Berufsboxkämpfe veranstalten will, muß auf Verlangen des BDB sein Veranstaltungskapital nachweisen. Jeder Veranstalter ist

Dariusz Michalczewski und Manager Klaus-Peter Kohl (rechts)

verpflichtet, eine Genehmigung mindestens vier Wochen vor dem Veranstaltungstermin einzuholen. Der **Antrag** muß folgendes enthalten:

- den Namen des Veranstalters und des Technischen Leiters,
- Ort, Zeit und Veranstaltungsstätte,
- einen Vertrag mit dem Technischen Leiter,
- einen Vertrag mit der Veranstaltungsstätte,
- die Preise der Plätze und ihre Anzahl
- und die in Aussicht genommenen Paarungen unter Angabe des Hauptkampfes. Eine öffentliche Werbung für einen noch nicht genehmigten Kampftag ist verboten.

Die gesamten Kampfbörsen und Garantien, die Entschädigungen für alle Mittätigen einschließlich des Technischen Leiters und des Kampfgerichtes müssen vom Veranstalter hinterlegt werden. Fünfzig Prozent der Börsen für die Kämpfer spätestens 14 Tage vorher, die restlichen 50 Prozent und die dazugehörigen Kosten mindestens acht Tage vorher. Bei Nichterfüllung dieser Hinterlegungsbestimmungen kann ein Kampftag verboten werden. Der BDB erhebt von allen von ihm lizenzierten Veranstaltungen Lizenzgebühren. Der Veranstalter hat vier Prozent, die Boxer je zwei Prozent aus Börsen und Entschädigungen zu zahlen.

Der Manager: Er vertritt die Interessen des Boxers. Er kann für ihn Titelkämpfe abschließen oder im freien Verkehr durch Börsenangebote ersteigern. Schützlinge des gleichen Managers dürfen nicht gegeneinander boxen. Managerverträge können höchstens für die Dauer von fünf Jahren abgeschlossen werden.

Der Höchstanteil eines Managers an der Bruttobörse eines Boxers kann 33,3 Prozent betragen, wenn er gleichzeitig Trainer ist. Vertritt ein Manager lediglich die geschäftlichen Interessen seines Schützlings, so ist er verpflichtet, dem Kämpfer einen Trainer zu stellen und diesen selbst zu bezahlen. Arbeitet der Boxer ohne Trainer, verringert sich der Manageranteil um mindestens zehn Prozent. Bei Bruttobörsen bis zu 500 Mark dürfen keine Managerprozente erhoben werden.

Abgesehen von Titelkämpfen, die durch die Verbände angesetzt und genehmigt werden, ist für die Zusammenstellung der Paarungen und die Verpflichtung von Gegnern der entsprechenden Qua-

lifikation der sogenannte **Matchmaker** verantwortlich. Er ist eine Art Makler des Berufsboxens und erhält seine Aufträge vom Veranstalter. Er besorgt sowohl Gegner für bestimmte Boxer, bietet für eine Veranstaltung aber auch komplette Paarungen an. Er vermittelt zwischen den Managern, bereitet die Verträge vor und ist prozentual an den Börsen der Kämpfer mit einer Vermittlungsgebühr beteiligt. Sie darf zehn Prozent nicht übersteigen.
Es wird ersichtlich, daß die finanziellen Absprachen die Grundlage für Profiboxkämpfe sind. Die Verdienste der Kämpfer in Form von Börsen sind jeweils Bruttobeträge, die sich um die genannten Abzüge verringern. Millionengagen sind dabei die Ausnahme. Erst wenn ein Boxer in der absoluten Weltspitze angekommen ist und dann noch in einem möglichst schweren Limit kämpft, kann er davon träumen. Im Prinzip sind Weltmeisterschaftskämpfe im Schwergewicht am einträglichsten.

Die Mächtigen im Boxgeschäft

Promoter und Manager haben die Macht im Geschäft mit den Profiboxern. Sie liefern sich auch ausgesprochene Machtkämpfe. Beide sind eigenständige Unternehmer, die ihre Interessen größtenteils gegeneinander vertreten und für den zu erzielenden Gewinn die Boxer als Ware benutzen.

Der Promoter: Er ist der Veranstalter von Berufsboxkämpfen. Die Bezeichnung kommt aus dem Englischen und heißt eigentlich ›Förderer‹, ›Anstifter‹, ›Gründer‹. Das trifft die Eigenschaft eines Promoters nur ungenügend. Der Promoter verpflichtet zwei Kämpfer für einen Kampf, zahlt ihnen die Börse, finanziert das Spektakel – nicht unbedingt mit seinem Geld –, organisiert es und will daraus einen möglichst hohen Gewinn schöpfen.

In diesem Sinne ist der Promoter mit dem Impresario zu vergleichen, dem italienischen Wort für Theater- oder Konzertveranstalter. Er ist der Geschäftsmann, der die Boxer in Aktion treten läßt und mit seinem Risiko den geschäftlichen Teil der Veranstaltung abwickelt, der heute in völlig neue Dimensionen vorgestoßen ist.
Demgegenüber steht vor allem in den USA die Aufgabe des Managers, der die Interessen des Boxers vertritt und gegenüber dem

Promoter Don King

Boxer und dem Promoter seinen finanziellen Gewinn macht. Rivalitäten zwischen Managern und Promotern gehören ebenso zum Geschäft wie der Kampf von Managern um die besten Boxer. Eine Kooperation ist nur in seltenen Fällen möglich. Am bekanntesten sind Shelly Finkel, Lou Duva oder Emanuel Stewart. Es gibt aber auch bedeutende Boxer, die ohne Manager auskommen und ihre Interessen selbst vertreten, beispielsweise George Foreman oder in Deutschland Graciano Rocchigiani.

Die Krönung der bisherigen Geschäfte war der Superfight am 9. November 1996, als Mike Tyson mit 30 Millionen und sein sensationeller Bezwinger Evander Holyfield mit zehn Millionen Dollar »entlohnt« wurden. Allein die 16325 Besucher im Kasino MGM Grand Garden von Las Vegas brachten mehr als 20 Millionen Dollar in die Kassen, und dazu kamen die riesigen Fernseheinnahmen, die Promoter Don King zum großen Gewinner – unabhängig vom sportlichen Ausgang des Fights – machten. Zudem wurde noch ein Rematch garantiert, weil es »des Volkes Wille« sei, beide noch einmal im Ring zu sehen, um erneut zu prüfen, wer der »wahre Schwergewichtskönig« ist.
Promoter **Don King** ist mit Abstand die bedeutendste Figur im Profiboxgeschäft. Er wurde am 6. Dezember 1932 in Cleveland/Ohio geboren und ist bekannt für seinen ausgeprägten Geschäftssinn. King begann seine Geschäfte bereits als Junge auf der Straße. Er verkaufte Glücksspiellose für das Schwarzlotto. Mit 19 Jahren war er bereits der Boß und nannte sich Donald »The Kid« King. Als eines Tages sein Partner Sam Garrett das Geld für den Gewinn eines Loses nicht zahlen wollte, soll King ihn zusammengeschlagen haben, so die Richter. Garrett starb, und King kam ins Gefängnis. Nach dem Knast stieg er ins Box-Busineß ein und trat mit dem »Rumble in the jungle« 1974 zwischen Muhammad Ali und George Foreman die Millionen-Börsen im Profiboxen los. Er kontrolliert(e) bis auf wenige Ausnahmen die Weltverbände, die bisher von den Unsummen kräftig profitierten. Er ist eine einzigartige Erscheinung und auch im kriminellen Milieu bekannt. Er kassiert stets kräftig ab, und zu seinen »Aktivitäten« gehören Steuermanipulationen oder Versicherungsbetrügereien. Gegen solche Praktiken klagten beispielsweise die Ex-Weltmeister Larry Holmes und Tim Witherspoon. King ist der unumschränkte Herrscher über weltweit rund 12800 Profiboxer und macht heute seine größten Geschäfte mit Mike Tyson. »Ich fliege mit den Wildgänsen. Ich bin immer da, wo die Gewinner sind, denn das ist ja mein Job. Boxer gehen, Promoter und Manager bleiben im Geschäft«, so sein Motto.

Die Entwicklung des Boxgeschäfts

Bereits im 18. Jahrhundert gaben wohltätige Sponsoren Geld aus, um sich Profiboxkämpfe organisieren zu lassen. Sie verdienten vor allem an den Wetten auf den Sieger. Später waren es Spieler und andere zwielichtige Spekulanten, die in das Geschäft mit Profiboxern einstiegen. Eine neue Epoche wurde eingeleitet mit der Einführung von Sportklubs in England und in den USA, die mit den Boxern Geschäfte machten und sich in noch stärkerem Maße auf Profit mit Profibox-Veranstaltungen konzentrierten. Später etablierten sich Sportkommissionen, die den sportlichen Teil kontrollierten und das Profiboxen stärker organisierten. Eine weitere neue Ära brach mit dem Eindringen der Filmindustrie in das Boxgeschäft an, die sich Nebenrechte für die Aufführung von Boxkämpfen sicherte. In der Folge haben große Veranstaltungsunternehmen wie der Madison Square Garden, der Boston Garden, das Chicago Stadium und andere bereits Funktionen von Promotern wahrgenommen und Boxer für große Kämpfe verpflichtet, die ihnen Gewinne garantierten. Der Höhepunkt dieser Entwicklung war in den zwanziger Jahren, als man sogar eigens für Boxkämpfe große Arenen errichtete. Am bekanntesten ist die 120000 Zuschauer fassende Arena in Philadelphia, die für den am 23. September 1926 veranstalteten WM-Fight zwischen Jack Dempsey und dem Punktsieger Gene Tunney erbaut wurde. In der Folge der für diese Zeit getätigten Riesenumsätze bemächtigte sich zunehmend auch die Unterwelt des Boxgeschäftes.

Erst als sich internationale Boxklubs bildeten, wurde das Geschehen wieder unter Kontrolle genommen. Sie waren die Vorläufer der heutigen Weltverbände. Promoter und Manager wurden in stärkerem Maße kontrolliert. Es wurden **Optionen** eingeführt, das heißt, mit Kampfausgängen verbundene Rechte wie Rückkämpfe für die Boxer und Manager oder die Möglichkeit von Promotern, Anteile an den Veranstaltungen mit bestimmten Boxern zu erwerben.

Ein völlig neues Zeitalter setzte in den siebziger Jahren ein, als das Fernsehen den Markt eroberte und Giganten wie CBS oder Time Warner Inc. für eine weltweite Vermarktung von großen Boxkämpfen sorgten. Danach sicherten sich die Sender teilweise direkt die Veranstaltungsrechte mit bestimmten Promotern, womit sich der Gewinn vervielfachte und die möglichen Kampfbörsen auf Millionenbeträge anstiegen. Die höchsten Kampfbörsen erhielten weltweit vor dem TV-Zeitalter Gene Tunney am 22. September 1927 in Chicago beim zweiten Kampf gegen Jack Dempsey mit 990445 Dollar, Dempsey bei dem erwähnten Fight in Philadelphia mit 717000 Dollar und Joe Louis am 19. Juni 1946 in

New York beim zweiten Fight gegen Billy Coon mit 625916 Dollar. In Deutschland waren es Karl Mildenberger mit 200000 DM für den Kampf gegen Oscar Bonavena am 16. September 1967 und noch einmal 150000 DM am 10. September 1966 gegen Muhammad Ali jeweils in Frankfurt/Main sowie Gustav Scholz mit 100000 Mark am 23. Juni 1962 in Berlin gegen Harold Johnson. Seit das Fernsehen Boxkämpfe überträgt, bekamen die höchsten Kampfbörsen Mike Tyson mit 30 Millionen Dollar für den Fight gegen Holyfield, 28 Millionen gegen Ex-Weltmeister Nigel Benn und 25 Millionen bei seinem Comeback nach der Verbüßung der Gefängnisstrafe gegen Peter McNeeley (25. Oktober 1995) sowie James »Buster« Douglas mit 24 Millionen am 25. Oktober 1990 für seinen Fight in Las Vegas gegen Evander Holyfield. In Deutschland entwickelte sich im Unterschied zu den USA, wo die Schwergewichtler die höchsten Börsen einsteckten, nach Gustav Scholz mit Henry Maske ein weiterer Halbschwergewichtler zum Börsenkönig. Für seinen WM-Vereinigungkampf gegen Virgil Hill am 23. November 1996 in München kassierte er drei Millionen Mark, zuvor als Höchstbörsen beim zweiten Kampf gegen Graciano Rocchigiani am 14. Oktober 1995 in München 1,6 Millionen sowie am 26. März 1994 in Dortmund gegen Ernesto Magdaleno 1,35 Millionen. Sehr gut verdient hat auch Schwergewichtler Axel Schulz bei seinen drei verlorenen WM-Kämpfen gegen George Foreman, François Botha und Michael Moorer. Zweifellos ist es eines der großen Phänomene im Boxgeschäft, daß ein Verlierer zu den Großverdienern gehört.

Bis Anfang der sechziger Jahre herrschten im (amerikanischen) Profiboxen im großen und ganzen klare Verhältnisse darüber, wer der »wahre Weltmeister« in jeder Gewichtsklasse war. Danach begann aus geschäftlichen Gründen die Aufspaltung. Das große Geschäft läuft heute über die vier großen Weltverbände, insgesamt soll es inzwischen mindestens elf geben.

- Die World Boxing Association (**WBA**) ging 1962 aus der einheitlichen National Boxing Association hervor, die 1959 Sugar Ray Robinson den Titel aberkannte. Die WBA folgte diesem Beispiel und nahm Muhammad Ali 1965 den Schwergewichtstitel ab. Sie hat ihren Sitz in Venezuela und hat in Bob Arum den führenden Promoter.
- Das World Boxing Council (**WBC**) wurde 1963 gegründet und war mit über 100 Mitgliedsverbänden die erste Weltorganisation mit über die USA hinausreichenden Interessen, besonders nach

Lateinamerika und Asien. Sein Sitz ist Mexico City und sein Chefpromoter Don King.

• Die International Boxing Federation (**IBF**), bei der die deutschen Boxer der Sauerland-Promotion mit Henry Maske an der Spitze ihr Geld verdienten und verdienen, wurde 1984 als Erweiterung der USBA, der US-amerikanischen Boxföderation von Robert W. Lee, gegründet, der vorher Präsident der WBA war. Der Verband hat als einziger seinen Sitz in den USA, und sein Hauptpromoter ist Cedric Kushner.

• Die World Boxing Organisation (**WBO**), bei der die Kämpfe der Weltmeister der UNIVERSUM Box-Promotion veranstaltet werden, ist der jüngste der vier bedeutenden Weltverbände. Sein Sitz ist in San Juan, und der wichtigste Promoter war lange Zeit der Engländer Berry Hearn.

• Der kontinentale Verband, die Europäische Box-Union (**EBU**), wurde 1947 gegründet und hat nach der Zulassung des Profiboxens in den ehemaligen sozialistischen Ländern heute mehr als 30 Mitgliedsverbände. Die Italiener führen seit Anbeginn die Geschäfte, und der Sitz ist in Rom.

• Der Bund Deutscher Berufsboxer **(BDB)** wurde 1949 mit Sitz in Berlin als deutscher Dachverband gegründet und etablierte sich 1957 als einheitlicher Verband unter seinem damaligen Präsidenten Hans Laufersweiler. Heute steht Dr. med. Alois Teuber an der Spitze, und die Führungszentrale befindet sich in Meerbusch bei Düsseldorf.

MGM Grand Garden in Las Vegas

Berühmte Stars und große Fights

Amateure

Das Halbschwergewichtsfinale der Olympischen Spiele 1960 in Rom, das Cassius Clay alias Muhammad Ali gegen den Polen Zbigniew Pietrzykowski gewann, wird als der »Amateurkampf des Jahrhunderts« gewertet.

Bei **Olympischen Spielen** haben sich der Ungar *Laszlo Papp* und der Kubaner *Teofilo Stevenson* mit drei Siegen ein Denkmal als erfolgreichste Boxer gesetzt. Lediglich dem fünfmaligen Rekordweltmeister *Felix Savon* aus Kuba könnte es im Jahr 2000 in Sydney vergönnt sein, nach seinen Triumphen von 1992 und 1996 aufzuschließen. Einziger Olympiasieger, der in zwei Klassen zugleich Gold holte, war 1904 *Oliver Kirk* (USA) im Bantam- und Federgewicht. Der Brite *Richard K. Gunn* war mit 37 Jahren 1908 der älteste Olympiasieger. Zweimal Gold in Folge holte 1920 und 1924 der Brite *Harry Mallin*. Erfolgreichstes Land bei Olympischen Spielen waren die USA 1984 mit neun Goldmedaillen. Das größte Fehlurteil gab es 1988 in Seoul im Finale des Halbmittelgewichts mit dem Punktsieg des Südkoreaners Park Si Hun gegen den mit dem Russell-Cup zum besten

Teofilo Stevenson

Felix Savon (Kuba) gewann fünfmal WM-Gold

Boxer gekürten Amerikaner *Roy Jones*. Der Koreaner war bereits vorher durch zwei Fehlurteile bis ins Finale gelangt. Inzwischen gilt Jones auch in Profi-Fachkreisen schon als bester Boxer der neunziger Jahre. Bester Deutscher bei Olympia war der Schweriner *Andreas Tews*, der 1988 Silber und 1992 Gold holte.

Weltmeisterschaften gibt es seit 1974, und wie bereits erwähnt, ist bei diesen Titelkämpfen der kubanische Schwergewichtler *Felix Savon* mit fünfmal Gold in Folge seit 1986 der überragende Boxer. Je dreimal Gold sicherten sich die Kubaner *Teofilo Stevenson*, *Juan Hernandez* und *Adolfo Horta*, der Bulgare *Serafim Todorow* und der Rumäne *Francisc Vastag*. Erster deutscher Amateur-Weltmeister war *Henry Maske* 1989. Die Kubaner sicherten sich bis 1995 42 der insgeamt 94 vergebenen Titel.

Europameisterschaften finden seit 1925 statt. Der Däne *Thyge Petersen* wurde 1925 und 1927 erstmals zweifacher Titelträger. Der Bulgare *Iwailo Marinow* ist mit viermal Gold und einmal Silber der erfolgreichste Boxer in der EM-Geschichte. Ihm folgt der Pole *Zbigniew Pietrzykowski* mit viermal Gold und einmal Bronze, dreimal Gold und einmal Silber gab es für *Andrej Abramow, Oleg Grigorjew, Alexander Jagubkin* und *Dan Posnjak* (alle UdSSR). Mit dreimal Gold und einmal Bronze folgen *Henry Maske* (Frankfurt/Oder), *Arnold Vanderlijde* (Niederlande), *Wladimir Jengibarjan* und *Viktor Rybakow* (beide UdSSR). Das beste Ergebnis bei Europameisterschaften erzielte die UdSSR, die seit 1953 an den Titelkämpfen teilnahm, 1981 und 1983 mit je acht Goldmedaillen. Die beste deutsche Bilanz verzeichnete die DDR 1985 in Budapest mit fünfmal Gold.

Deutsche Meisterschaften gibt es seit 1920. Mit 16 Titelgewinnen ist *Peter Hussing* (Brachbach) Rekordmeister. Ihm folgt *Sven Ottke* (Karlsruhe), der 1996 seinen elften Titel gewannn, vor *René Weller* (Pforzheim), *Ulli Kaden* (Gera) und *Horst Rascher* (Villingen), die zu je neun Titeln kamen.

Profis

Muhammad Ali und **Evander Holyfield** wurden dreimal Weltmeister im Schwergewicht – diese Leistung ist absolut einmalig. Die Boxexperten sind sich auch nach 25 Jahren noch einig:

Der Größte aller Zeiten: Muhammad Ali

Der Fight zwischen **Muhammad Ali** und **Joe Frazier** um den WM-Titel der Schwergewichtler am 8. März 1971 im New Yorker Madison Square Garden war der »Profiboxkampf des Jahrhunderts«. »Da hat sich wirklich entschieden, wer der beste Boxer der Welt ist«, erinnert sich Ringrichter Arthur Mercante.

Sicher muß man nun auch den spektakulären Fight vom 9. November 1996 in Las Vegas zwischen dem auf den Thron zurückgekehrten Weltmeister **Evander Holyfield** und dem für unschlagbar gehaltenen **Mike Tyson** dazuzählen.
Der älteste Schwergewichtler, der Weltmeister wurde, war der 45jährige **George Foreman**, der nach 20 Jahren 1994 den Titel noch einmal erkämpfte und ihn dann gegen Axel Schulz verteidigte.
Max Schmeling war der bisher einzige deutsche Schwergewichts-Weltmeister. Den Titel gewann er am 12. Juni 1930 im Yankee-Stadion von New York durch einen Disqualifikationssieg in der vierten Runde gegen Jack Sharkey und verlor ihn nach einer erfolgreichen Titelverteidigung gegen Young Stribling schließlich am 21. Juni 1932 wieder gegen Jack Sharkey durch eine unglückliche Punktniederlage nach 15 Runden. Insgesamt kam Schmeling in 70 Kämpfen zu 55 Siegen, davon 38 durch K.o.
Jack Dempsey (24.6.1895–31.5.1983) wurde 1919 durch K.o. gegen Jess Willard Weltmeister im Schwergewicht. Er behielt den Titel sieben Jahre, bis er ihn an Gene Tunney am 23. September 1926 nach Punkten verlor. Mit 51 K.-o.-Siegen wurde er 1953 in den USA zum größten Boxer aller Zeiten gewählt und in die »Hall of Fame« aufgenommen, wo inzwischen allen Boxgrößen ein Denkmal gesetzt wurde und jährlich weitere Boxer, Trainer, Manager, Promoter und Journalisten mit der Aufnahme geehrt werden. Sie steht in der 5.000-Seelen-Gemeinde Canasota im US-Bundesstaat New York, am »New York State Thruway«.
Bei den Boxern, die in den meisten Klassen eine WM-Krone erkämpfen konnten, rangieren **Sugar Ray Leonard** und **Thomas Hearns** mit je fünf Titeln vom Weltergewicht aufwärts an der Spitze der Weltelite. Es folgen **Roberto Duran** und **Pernell Whitaker**, die den Triumph in vier Klassen schafften. Bisher einziger Deutscher, der eine WM-Krone in zwei Klassen holte, ist der Hamburger **Dariusz Michalczewski**, Weltmeister im Halbschwergewicht, der in der WBO auch die Krone im Cruisergewicht erobert hatte,

diese aber wieder niederlegen mußte, weil man nur einen Titel tragen darf.

Der schwerste Champion: Der Italiener Primo Carnera, Weltmeister von 1933 bis 1934, war mit einem Körpergewicht von 122 kg der schwerste Champion.

Die kürzesten Kämpfe: Betrachtet man, wer im schnellsten Profikampf aller Zeiten zum Sieg kam, muß man Al Coutire nennen, der am 24. September 1946 in Lewiston/Maine seinen amerikanischen Landsmann Ralph Walton nach 10,5 Sekunden durch K.o. (einschließlich Count) besiegte. Der kürzeste WM-Kampf in der Geschichte fand am 3. September 1994 in Wiener Neustadt statt. Daniel Jimenez aus Puerto Rico bezwang den einheimischen Herausforderer Harry Geier durch K.o. nach 19 Sekunden (einschließlich Count). Und das schnellste Ende eines Kampfes überhaupt gab es am 8. Juli 1952 in Palmerston für den neuseeländischen Lokalmatador Ross Cleverly durch technischen K.o. nach vier Sekunden gegen David Emerson (Pahiatua).

Der längste Profikampf aller Zeiten (seit 1892): Andy Bowen trennte sich am 6. April 1893 in New Orleans von Jack Burke (beide USA) unentschieden. Der Kampf dauerte zehn zeitlich noch nicht limitierte Runden und exakt sieben Stunden und 19 Minuten, eine Runde endete durch Niederschlag oder freiwilligen Fall.

Die meisten K.-o.-Siege: Sie gehen auf das Konto von Archie Moore mit 143 zwischen 1935 und 1963, es folgen Young Eddie Williams mit 139 (1929 bis 1935) und Young Stribling mit 126 (1921 bis 1933).

Die längste K.-o-Serie in Folge konnte Lamar Clark mit 44 Siegen zwischen 1958 und 1960 für sich verbuchen.

Die Elite des deutschen Profiboxsports von heute

Henry Maske (Frankfurt/Oder)

Geboren am 8. Januar 1964 in Treuenbrietzen bei Berlin
Trainer: Manfred Wolke/Manager: Wilfried Sauerland
Sportliche Erfolge:
Als Amateur: 181 Kämpfe/163 Siege, DDR-Meister 1983, 1985 bis 1988, EM-Dritter 1983, Europameister 1985, 1987, 1989, Vizeweltmeister 1986, Weltmeister 1989, Olympiasieger 1988
Als Profi: 31 Kämpfe/30 Siege, davon 12 durch K.o.
IBF-Weltmeister im Halbschwergewicht vom 20.3.1993 bis 23.11.1996 mit der einzigen Niederlage nach Punkten gegen Virgil Hill (USA), zuvor Titel zehnmal verteidigt.

Henry Maske mit Trainer Manfred Wolke

Torsten May (Frankfurt/Oder)

Geboren am 10. September 1969 in Glauchau/Sachsen
Trainer: Darkie Smith/Manager: Wilfried Sauerland
Sportliche Erfolge:
Als Amateur: 150 Kämpfe/117 Siege, Deutscher Meister 1991, Weltmeister 1991, Olympiasieger 1992
Als Profi: 16 Kämpfe/15 Siege, davon 10 durch K.o.

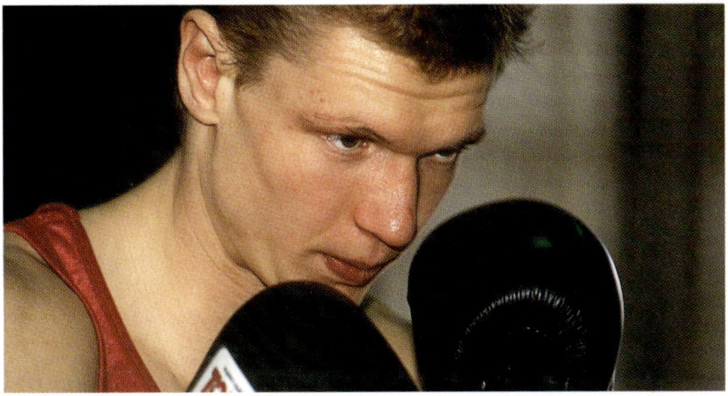

Torsten May

Deutscher Meister im Cruisergewicht seit 7. Mai 1994, im bisher einzigen WM-Kampf um den IBF-Titel im Cruisergewicht am 31. August 1996 in Palma de Mallorca gegen Adolpho Washington (USA) nach Punkten unterlegen.

Dariusz Michalczewski und Ralf Rocchigiani (rechts)

Dariusz Michalczewski (Hamburg)

Geboren am 5. Mai 1968 in Danzig
Trainer: Fritz Sdunek/Manager: Klaus-Peter Kohl

Sportliche Erfolge:
Als Amateur: 150 Kämpfe/139 Siege, Dritter der Junioren-EM 1986, Europameister 1991
Als Profi: 33 Kämpfe/33 Siege, davon 27 durch K.o.
IBF-Intercontinental-Champion 1993, WBO-Weltmeister im Halbschwergewicht seit 10. September 1994, Titel bisher achtmal verteidigt, WBO-Weltmeister im Cruisergewicht am 17. Dezember 1994, Titel danach wieder niedergelegt.

Graciano Rocchigiani (Berlin)

Geboren am 29. Dezember 1963 in Rheinhausen
Trainer: Emanuel Stewart/Manager: Christine Rocchigiani
Sportliche Erfolge:
Als Amateur: 112 Kämpfe/101 Siege, Deutscher Meister 1982
Als Profi: 43 Kämpfe/38 Siege, davon 19 durch K.o.
Deutscher Meister am 8. November 1985, Deutscher Meister im Halbschwergewicht am 3. Oktober 1986, IBF-Weltmeister im Supermittelgewicht am 11. März 1988, danach den Titel dreimal verteidigt und niedergelegt, Europameister im Halbschwergewicht am 1. März 1991, danach einmal verteidigt und niedergelegt. Vier Niederlagen in WM-Kämpfen gegen Henry Maske (2), Chris Eubank (England/1) und Dariusz Michalczewski (1).

Graciano Rocchigiani

Ralf Rocchigiani (Berlin)

Geboren am 13. Februar 1963 in Rheinhausen
Trainer: Fritz Sdunek/Manager: Klaus-Peter Kohl
Sportliche Erfolge:
Als Amateur: 125 Kämpfe/107 Siege, 1982 Dritter der Junioren-EM, 1982 deutscher Vizemeister der Senioren
Als Profi: 54 Kämpfe/40 Siege, davon 17 durch K. o.
Deutscher Meister 1985 im Cruisergewicht, WBO-Weltmeister im Cruisergewicht seit 10. Juni 1995, Titel bisher fünfmal verteidigt.

Axel Schulz (Frankfurt/Oder)

Geboren am 9. November 1968 in Bad Saarow bei Berlin
Trainer: Manfred Wolke/Manager: Wilfried Sauerland
Sportliche Erfolge:
Als Amateur: 98 Kämpfe/78 Siege, Junioren-Europameister im Halbschwergewicht 1986, DDR-Meister 1988, Vizeeuropameister und WM-Dritter 1989
Als Profi: 26 Kämpfe/22 Siege, davon 10 durch K. o.
1992 Deutscher Meister im Schwergewicht, in EM-Kämpfen gegen Weltmeister Henry Akinwande (England) ein Unentschieden und eine Niederlage, WM-Kämpfe gegen George Foreman (USA), François Botha (Südafrika/wegen Dopings nicht gewertet) und Michael Moorer (USA) verloren.

Axel Schulz (rechts) gegen Michael Moorer

Wie unterschiedlich die Ansichten über die international besten Boxer aller Zeiten sind, das sollen Expertenmeinungen belegen:

Max Schmeling stellte 1995 an seinem 90. Geburtstag folgende Rangfolge der besten Boxer auf und nahm sich dabei wie immer bescheiden aus:

1. Muhammad Ali (Cassius Clay/USA)
2. Lou Ambers (USA)
3. Henry Armstrong (USA)
4. Georges Carpentier (Frankreich)
5. Ezzard Charles (USA)
6. Julio Cesar Chavez (Mexiko)
7. Jack Dempsey (USA)
8. George Foreman (USA)
9. Joe Gans (USA)
10. Harry Greb (USA)

Eine bewegte Geschichte mit Höhen und Tiefen hat der deutsche Profiboxsport hinter sich. Der Berliner Sportjournalist Gerhard Reimann und der in Berlin lebende erfahrene britische Fachjournalist Jack A. Tree sehen die Bestenliste der deutschen Profis aller Zeiten so:

Reimann:

1. Max Schmeling
2. Gustav Eder
3. Adolf Heuser
4. Henry Maske
5. Gustav Scholz
6. Karl Mildenberger
7. Hein Domgörgen
8. Jupp Besselmann
9. Walter Neusel
10. Peter Müller und Heinz Neuhaus

Tree:

1. Max Schmeling
2. Adolf Heuser
3. Gustav Eder
4. Henry Maske
5. Hein Domgörgen
6. Walter Neusel
7. Gustav Scholz
8. Karl Mildenberger
9. Eckhard Dagge
10. Graciano Rocchigiani und Dariusz Michalczewski

Anhang

Adressen

International Amateur Boxing Association (AIBA)
Präsident: Prof. Anwar Chowdhry (Pakistan)
Generalsekretariat: P.O. Box 0141, 10321 Berlin
Telefon: 030-4236766
Fax: 030-4235943

Deutscher Amateur-Box Verband (DABV)
Präsident: Kurt Maurath (Dittishausen)
Geschäftsstelle: Pfannkuchstraße 7, 34121 Kassel
Telefon: 0561-103601
Fax: 0561-103602

World Boxing Council (WBC)
Präsident: Jose Suleiman Chagnon
Genova Nr. 33–503 – Col. Juarez 06600 Mexico D.F.
Telefon: 0052-5-5253787
Fax: 0052-5-2077172

World Boxing Association (WBA)
Präsident: Gilberto Mendoza
P.O.Box 377 – Maracay 2101-A-Edo. Aragua (Venezuela)
Telefon: 0058-44-61645 – 61426
Fax: 0058-44-344293

International Boxing Federation (IBF)
Präsident: Robert W. Lee
134 Evergreen Place, 9th Floor, East Orange, N.Y. 07018, USA
Telefon: 001-201-4140300
Fax: 001-201-4140307

World Boxing Organization (WBO)
Präsident: Francisco Valcarel Esq.
57 Borinquena, Santa Rina San Juan – Puerto Rico 00925
Telefon: 0018-09-787-751 6861
Fax: 0018-09-787-758 9053

Womens International Boxing Federation (W.I.B.F.)
Präsidentin: Barbara Buttrick
P.O.Box 398123 Miami Beach, Florida – USA 33139
Telefon: 001-305-922 6494
Fax: 001-305-923 1199

European Boxing Union (EBU)
Präsident: Ruben Martinez Vazquez
Via Topino, 37 – 00199 Roma – Italia
Telefon: 0039-6-8535 4249
Fax: 0039-6-841 3447

Bund Deutscher Berufsboxer (BDB)
Präsident: Dr. Alois Teuber
Geschäftsstelle: Düsseldorfer Straße 10, 40667 Meerbusch
Telefon: 02132-2913
Fax: 02132-5620

Sportpromotion und Trainingszentrum GmbH
(ehemals Sauerland Promotion AG)
Wilfried Sauerland
Geschäftsstelle: Hochstadenstraße 1–3, 50674 Köln
Telefon: 0221-921 6690
Fax: 0221-921 6692

UNIVERSUM Box-Promotion GmbH
Klaus-Peter Kohl
Geschäftsstelle: Am Stadtrand 27, 22047 Hamburg
Telefon: 040-694 0153
Fax: 040-693 7036

Literaturnachweis

Denz, Dietrich: Henry Maske, Copress Verlag, München, 1996
Fiedler, Horst: Boxsport, Sportverlag, Berlin, 1976
Fiedler, Horst: Boxen für Einsteiger, Sport und Gesundheit Verlag, Berlin, 1994
Horn/Pabst/Preuße: Fitneß-Boxen, Copress Verlag, München, 1996
International Amateur Boxing Association: 50 Years, Eigenverlag, Berlin, 1995
Klaus, Steve: Tecnico del Pugilato, Federazione Pugilistica Italiana, Rom, 1978
Maske, Henry: Mein Box-Lexikon, Eichborn-Verlag, Frankfurt am Main, 1995
Deutscher Amateur-Box-Verband (DABV): Wettkampfbestimmungen, gültig ab Mai 1995
Bund Deutscher Berufsboxer (BDB): Sportliche Regeln
Deutscher Boxverband der DDR: Grundsatzdokumente, 1980
Kommentar zu den Regeln der AIBA, herausgegeben im Auftrag des Europäischen Regionalbüros der AIBA, Berlin, 1977
Fachzeitschrift BOXRING, Berlin
Fachzeitschrift BoxSport, Köln